JN053012

アスリートの科学

能力を極限まで引き出す秘密

久木留 毅　著

ブルーバックス

カバー装幀／芦澤泰偉・児崎雅淑
カバーイラスト／タカセマサヒロ
本文図版／さくら工芸社
本文・目次デザイン／齋藤ひさの

はじめに

オリンピック、FIFA（サッカー）ワールドカップ、そしてラグビーワールドカップは、世界の三大スポーツイベントとして世界中で放映され人気を集めている。

2016年に開催されたリオデジャネイロオリンピックは、世界人口の約半数に相当する36億人がテレビ中継で観戦した。2018年ロシアで開催されたFIFAワールドカップは、推定35億7200万人がテレビで観戦した。2019年日本で開催されたラグビーワールドカップは、極東というラグビーがメジャーではない地で行われたにもかかわらず、観客動員数は170万4000人を記録し、ファンゾーン（大会期間中に各地で楽しむことができる、パブリックビューイング用の大型画面が設置された、無料のイベントスペース）への入場者数も、前回のイングランド大会を上回る113万7000人となり、ワールドカップ新記録を樹立した。そして、2021年開催予定の東京2020オリンピックでは、多くの競技で選手の活躍や記録を目にすることが期待される。

これらスポーツイベントの主役はいうまでもなくアスリートである。勝利のために一心不乱にすべてを懸けるトップアスリートの戦いは、美しく感動的であり、多くの観衆を魅了する。それは、世界一を目指し、勝利と記録を追求し、肉体と精神の限界に挑戦する姿が、人々に非日常的な感動と衝撃を与えるからであろう。

私たちは、世界レベルで競い合うアスリートが主戦場とするスポーツを、ハイパフォーマンススポーツと呼んでいる。トップアスリートは日夜たゆまぬ鍛錬を続け、それを支える監督、コーチたちは戦術、戦略面を含めてさまざまな取り組みをしている。本書では、そのあらゆる創意と工夫、そして科学的根拠に基づくサポートについて紹介したい。

現在のトップアスリートの戦いは、さまざまな競技において高速化が進んでいる。陸上の男子100メートル競争では、1964年に開催された東京オリンピックにおいて、ボブ・ヘイズ選手が出した10秒0が当時の世界タイ記録であった。それから約半世紀後の2009年にウサイン・ボルト選手が9秒58の世界新記録を打ち立てた。日本人も2017年に桐生祥秀《よしひで》選手が9秒98を記録し、念願の10秒の壁を越えた。これを境に2019年、サニブラウン・ハキーム選手が9秒97、そして小池祐貴選手が9秒98の記録を出している。

さらにトップアスリートの戦いは、高度化も進行している。代表的な競技は体操競技であり、1964年の東京オリンピックにおいて最高難度はCであった。しかし、現在、男子は最高難度I、女子はJを競う戦いとなっている。

一方、競技の高速化と高度化によってトップアスリートにおける日常のトレーニングは増加し、それに伴う疲労の回復と怪我の予防が重要な観点となっている。その意味からも現在のトップアスリートの戦いは、いかに速やかに適切にリカバリーできるかという点が大きなポイントとなっている。

　試合前、中、後のリカバリーには科学的根拠に基づくさまざまな手法がある。それらは身体のケア、水分補給、栄養補給、睡眠等、あらゆる面から行われる。試合中のリカバリーに着目してみると、暑熱環境下での陸上のレースにおいて、水分補給だけでなく身体を冷却する場面を多く観ることができる。マラソンや競歩では、これまでも首筋を冷やすことは行われていたが、最近ではレース中に手のひらを冷やしながら競技を続けている光景を目にする。２０１９年の世界陸上競技選手権大会の競歩50キロで優勝した鈴木雄介選手も、レースの途中で手のひらを冷却しながら歩く姿が放映されていた。本書ではこれらを科学的視点から解説し、一般の方の熱中症対策になるような情報も提供したい。

　近年、マラソン、競歩、競泳等においては、心肺機能の向上のために高地トレーニングや機器を活用した低酸素トレーニングが取り入れられている。時期やコンディションを把握しながら、科学的根拠に基づいて組み込まれるトレーニング方法についても解説する。

　また、どの競技においても、メンタル面の強化なしでは、選手を育てることはできない。強い選手にはメンタルコーチがついていることも多い。このようなコーチたちはどのような研究をし、どのように選手たちの心を整えているのかを紹介する。

　さらに、高度化、高速化しているスポーツには、ＧＰＳを活用した小さな単位での計測や、細かい映像分析などが可能なテクノロジーも必須である。これら計測、分析の科学についても解説する。

このようにスポーツのあらゆる面で活用されている、さまざまな分野の科学を紹介する本書を読むことにより、いつもの視点とは違った角度から観戦を楽しんだり、今まであまり観戦することのなかったスポーツにも興味を持っていただければ、著者としてうれしい限りである。

オリンピックへの関心が高いなか、できるだけ多くのスポーツに触れたいと思ったが、とにかくスポーツ競技の数は膨大なので、とてもすべてを語りつくすことはできないのがもどかしいところである。またある程度広く取り上げたために、詳しい研究内容を掘り下げられなかった部分もある。興味のある読者には巻末の参考文献リストを参照するなどして、より深い知識を得ることをおすすめしたい。

私たちは今、科学技術の進歩により選手の技術も進化する、そして選手の技術を追いかけるように科学もさらに進化する、そんな素晴らしい時代を目撃しているといえる。

国立スポーツ科学センター　センター長　久木留　毅

もくじ ◉ アスリートの科学

第2章 アスリートを支えるサイエンステクノロジー……63

第5章 アスリートと水分補給……149

第6章
環境とパフォーマンスの科学……177

第1章

アスリートの記録はなぜ伸びるのか。競技はなぜ進化するのか

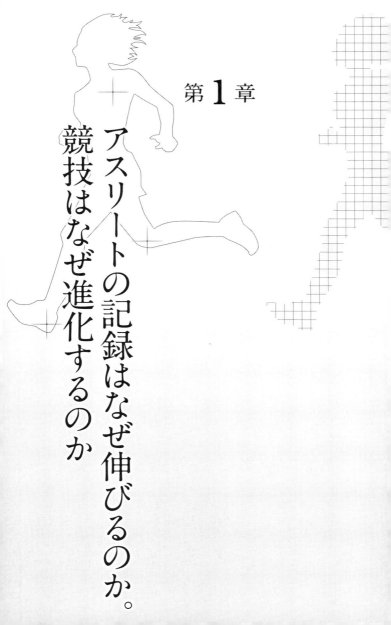

1-1 スポーツの高速化・高度化と「スポーツバイオメカニクス」

スポーツの分類

スポーツといってもその競技数は２００とも３００ともいわれており、読者には知らない競技も多くあることと思う。

さまざまなスポーツの具体的な話に入る前に、少し分類の話をしたいと思う。そうすれば、所々で出てくる「○○系の競技」「種別は～」「種目は～」という言葉も混乱なく読み進められるからである。

分類としては、①陸上、競泳などの記録系、②体操競技などの採点系、③新体操、アーティスティックスイミングなどの審美系、④レスリング、柔道などの格闘技系、⑤得点系のうちサッカー、バレーボールなどのチーム球技系、⑥得点系のうちテニス、卓球などのラケット系、⑦スキー競技などの雪上系、⑧スケート競技などの氷上系と8種類に大きく分けられる。

また、オリンピックで行われる競技は、細かく分類されている。２０２０年に開催予定だった東京大会（以下、東京２０２０）での実施種目は、新競技（5競技18種目）を合わせて、オリンピック33競技339種目、パラリンピックは22競技540種目である。その分類の仕方は次のようになる。

競　技／Sport　：スポーツの種類（陸上、水泳、卓球、柔道、レスリング等）
種　別／Discipline：競技の中の一分野（競泳、水球、飛込等）
種　目／Event　：メダル授与の対象となる
※種別のない競技もある（アーチェリー、柔道、ボクシング、バドミントン等）

たとえば、東京大会でも日本期待の競泳は、水泳という「競技（Sport）」に属し、競泳という「種別（Discipline）」で、男子400メートル個人メドレーなどといった「種目（Event）」に分かれている。ちなみに、水泳競技には、アーティスティックスイミング、競泳、水球、飛込、マラソンスイミングの五つの種別がある。

競技の進化は科学の進化から

ラグビーやサッカーのワールドカップ、そしてオリンピックなどで人々を感動させるアスリートたちの活躍の見どころには、人並み外れた動きとスピードがある。それは、一瞬の隙をついて相手選手の間を駆け抜けるステップ、巧みなボールさばきで相手陣営を切り裂く果敢なドリブル、100mという距離を僅か9秒台で駆け抜けるスピード、空中で一瞬のうちに回転と捻《ひね》りを何度も繰り返し見事な着地に結びつける動作などである。その他多くの競技で年々高速化と高度化が進んでいる。

トップアスリートの非日常的な動きを分析しコーチングに繋げ、よりパフォーマンスを高めるために、それを裏付ける科学的な根拠も求められる。そこで、多くの競技現場で活用されている科学の一つである、スポーツバイオメカニクスについて紹介したい。

バイオメカニクス（biomechanics）とは、狭義に「生体への力の作用」、広義には「身体の運動に関する科学」とされており、力学と機能解剖学を基礎とする学問領域である。バイオメカニクスを基礎とし、スポーツの動作に関して研究を行う分野をスポーツバイオメカニクスという。スポーツバイオメカニクスは、特にニュートン力学の影響を強く受けている。その歴史は、19世紀末から始まり、20世紀初頭には十数台のカメラを使った疾走する馬の連続写真やランニングフォームの連続映像の記録に成功している（Muybridge, 1907）。この映像解析に地面からの反力（地面が押される力に抗して発生する力）等の力量測定を加えることで、動作の原因である力の情報を推定できるようになった。これによりスポーツバイオメカニクスは、さらに発展していくことになった。

バイオメカニクスでは、測定、解析、評価の三つの手順により動作を客観的にとらえ、身体運動の特徴を明らかにすることができる。ただ（科学全般にいえることだと思うが）、その手順を適用しやすい現象と、そうでない現象とがある。つまり、スポーツバイオメカニクスを使って動作を解析し動きを客観視しやすい身体運動と、そうでないものがあるということである。最も科学的に解明しやすいのが、前項のスポーツの分類における記録系の競技で、陸上や競泳、ウエイトリフティング、冬季スポーツではスピードスケートといった競技種目である。

次項からは、人類最速を競い合う陸上競技の１００メートル競走、日本が得意とする４×１００メートルリレー、水中における人類最速を競い合う競泳の自由形、氷の上での最速を追求するスピードスケート等について、前述の三つの手順に基づいた科学的分析で明らかになった点を見ていきたい。

1-2 陸上競技を科学する

男子１００メートル――超高速の世界

半世紀前に開催された１９６４年東京オリンピックにおいて、陸上競技男子１００メートル競走で優勝したのはアメリカのボブ・ヘイズ選手で、当時の世界タイ記録の10秒0（現在は10秒06に修正されている）と、10秒の壁はまだ破られていなかった。その後のトップアスリートの戦いは、カール・ルイス選手（1984年ロサンゼルス五輪で9秒99、1988年ソウル五輪で9秒92、ともに金メダル）、モーリス・グリーン選手（2000年シドニー五輪で9秒87、金メダル）、ジャスティン・ガトリン選手（2004年アテネ五輪で9秒85、金メダル）等々（いずれもアメリカの選手）、高速化が進み9秒台の争いへと入っていったことはよく知られていることだろう。

そんな高速化の競い合いの中で、2009年にジャマイカのウサイン・ボルト選手がベルリンでの世界陸上競技選手権大会（以下、世界陸上）で9秒58の世界新記録を出してから、その記録は現在（執筆時点）も破られていない。ボルト選手は、同種目においてオリンピック3連覇を達成し、2017年のロンドン世界陸上を最後に引退した。

世界最高の大会において、トップアスリートのパフォーマンスを科学的に分析することは人間の可能性を探究するうえでも重要であり、次世代へのコーチングにとっても有益な活動の一つである。中でも年々高速化が進む、100メートル競走という種目を客観的に分析するためには、前述の、人の動きを解析するバイオメカニクスという分野を活用するのが適切である。

多くの人材と機材、さらには場所の確保が不可欠なバイオメカニクスの研究は、自国での世界レベルの大会が最も実施しやすい。１９９１年に開催された第3回世界陸上（東京）では、総勢74名の研究者が動員された。その後、２００７年の第11回世界陸上（大阪）では、さまざまなテクノロジーの進歩とバイオメカニクス研究による知見の蓄積等から、人数は'91年大会より大幅に減り、40名の研究者により研究チームが編成された。

最速を競い合う陸上の１００メートル競走において、勝つための要因を科学的観点から三つの区間に分けて考えることができる。それはスタートからの加速（「第1加速局面」）、中盤の最大スピード（「第2加速局面」）、後半のスピードの持続性（「速度維持局面・減速局面」）である。

中でも、１００メートル競走におけるスタートの一瞬は、観る者も緊張する。そのスタートの反応時間は、「リアクションタイム」で示される。リアクションタイムとは、スタートの号砲が鳴ってから、スターティングブロック（スタートの際、足をかける器具）のロックがはずれるまでの時間のことで、０・１００秒未満の場合、フライングと判定される。１０００分の1秒単位でフライングを検出するこの計測と、スタートのタイミングを感知するセンサーを使っての判定でも科学が活躍しているということである。現在、ワールドアスレティックス（以下、世界陸連）の規定では、混成競技（１００メートル競走のようなトラック競技何種かと、走幅跳のようなフィールド競技何種かとを総合的に競う、「10種競技」といったもの）以外のトラック種目でのフライングは、1回で失格となる。そのため、リアクションタイムを縮めたいがフライングを

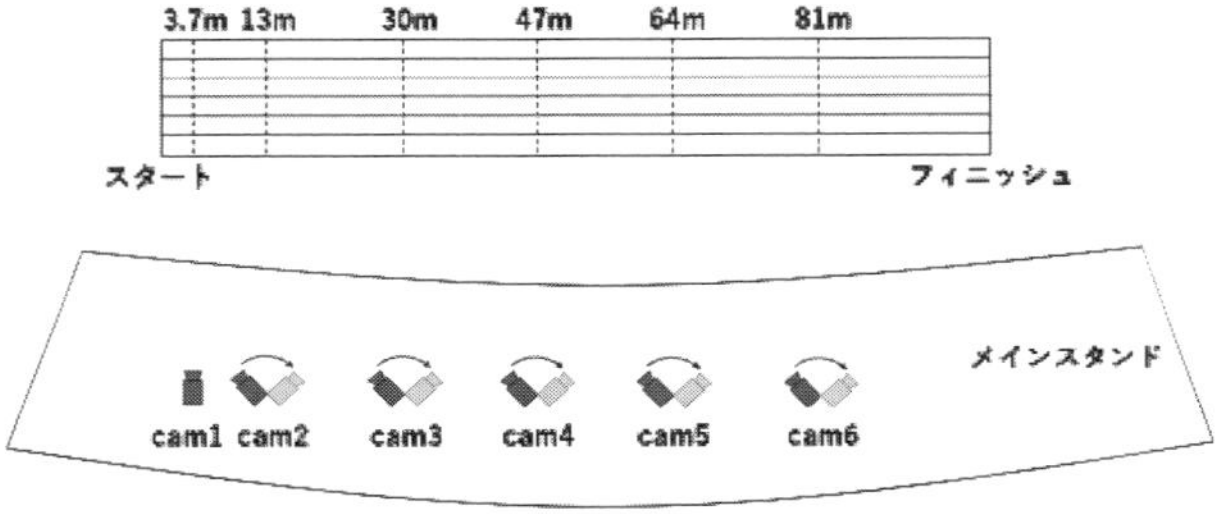

図1-1　100メートル走の分析におけるハイスピードカメラのレイアウト
小林 et al., 2017

気にして縮められないというジレンマもアスリートにはある。

これまでの分析結果から、100メートル競走において、三つの区間における要因分析の中で、最もゴールタイムと相関関係があるのは、男女ともに中盤の最大スピード（「第2加速局面」）であることがわかっている。また、どの選手もスタートから5mほどでピッチ（1秒あたりの歩数）とストライド（歩幅）増加率はピークに達することが明らかになっている。さらに、ゴール前ではピッチが減少しストライドが大きくなる傾向も示されている。

現在100メートル競走のレース分析では、ハイスピードデジタルカメラで取得したレース映像やレーザー式位置測定装置で得られた位置情報をもとに、走速度およびピッチ、ストライドについての分析が進んでいる。分析のために一般的に図1−1のようなレイアウトを施すことが多い。観戦時には、こういった科学的な分析装置の配置にも目を向けることで、新たな楽しみ方ができるのではないだろうか。

身長と記録

現世界記録保持者のウサイン・ボルト選手は、身長196㎝と同競技者の中でも頭一つ抜きん出ていた。たとえば一世を風靡《ふうび》したカール・ルイス選手は188㎝（自己最高記録9秒86）、シドニー、アテネオリンピックで活躍し、カナダのベン・ジョンソン選手（178㎝）がソウルオリンピックで出した幻の記録（ドーピングで取り消し）と同タイムで当時の世界新記録を樹立したモーリス・グリーン選手は176㎝（自己最高記録9秒79）、そして2019年の世界陸上で優勝したアメリカのクリスチャン・コールマン選手は175㎝（自己最高記録9秒76）である。これらのことからもボルト選手が、他のトップレベルの選手と比較しても大きかったことがわかる。

一方、日本に目を向けると、2017年に桐生祥秀選手が待望の10秒の壁を破り9秒98を出した。一旦壁が破られると、次々に続く人が出てくるのはどの世界でも同じである。2019年6月、サニブラウン・ハキーム選手が日本新記録となる9秒97、続いて7月に小池祐貴選手が9秒98を出した。ここで注目すべきは、サニブラウン選手の身長である。桐生選手が176㎝、小池選手が173㎝、対してサニブラウン選手の身長は190㎝と日本チームのなかでは珍しい長身のランナーなのである。

スピードは、ピッチとストライドで決まるといわれている。ただ、一般的にはピッチを上げれば、ストライドを狭めることに繋がる。逆にストライドを伸ばせば、ピッチを下げることに繋がる。アスリートは、理想的にはピッチを上げてストライドも伸ばしたい。しかし、ここには理論的に矛盾が生じる。その中で、理想のバランスを求めて日々葛藤しているのである。

ストライドと身長は比例的関係にあり、身長の高い選手は一般的にストライドも大きい。２００９年８月に９秒58を出した時のボルト選手は、平均ストライドが２４４・４cmであり40・92歩で１００ｍを駆け抜けた。

日本人ランナーを見てみると、桐生選手が９秒98を出した時の平均ストライドは２１２・３cm（歩数が47・1歩）、小池選手が９秒98を出した時の平均ストライドは１９６・１cm（歩数が51・0歩）であった。それに対して、サニブラウン選手が９秒97を出した時の平均ストライドは２２８・８cm（歩数が43・7歩）であった。サニブラウン選手は、身長という点では日本選手のなかでアドバンテージがあり、年齢的にもパフォーマンスが完成されていないことを加味すると、ボルト選手に近づく可能性がある選手といえるのではないだろうか。

ただ、もちろん身長だけでは速くなれない。次に注目すべきは、区間ごとのスピードである。世界の多くの９秒台ランナーは、最高速度の区間がスタートから60〜70ｍ地点である。ボルト選手が世界記録を出した時の最高速度の区間は70〜80ｍの地点で、秒速12・５ｍ（時速45・０km）

であった。桐生選手は、10秒を切るまで最高速度が出る区間は50〜60ｍ地点であったが、９秒台で走った時の最高速度を出したのが65ｍ付近であり、秒速11・67ｍ（時速42・０㎞）であった。つまり、後半へスピードのピークをもっていくことが、記録を伸ばす要因になる可能性があることがわかる。

一方、サニブラウン選手は、２０１９年の日本選手権で優勝した時の最高速度を出した区間は50〜60ｍ地点で秒速11・57ｍ（時速41・65㎞）であった。

また、三つの区間（前述の「第1加速局面」「第2加速局面」「速度維持局面・減速局面」）でのスピード分析と身長に関する研究では、身長が低いほど「第1加速局面」での平均疾走速度が高く、身長が高いほど最後の「速度維持局面・減速局面」での平均疾走速度が高い傾向にあることが明らかになっている。つまり、この点でも身長の高いサニブラウン選手は、もっと後半にピークをもっていくことで、さらによい記録を出せるのではないかと期待される。

これらのことから、サニブラウン選手がパフォーマンスを上げるためには、最高速度を出す区間を世界レベルの60〜70ｍ以降にもっていくことと、それを可能にするためにも、ストライドの大きさを、９秒台を出した時の平均２２８・８㎝から、ボルト選手が現世界記録の９秒58を出した時の平均２４４・４㎝に近づけることが必要であることがわかる。そのためには、股関節周囲の屈曲と膝の伸展に関わる筋群の強化が必要となるであろう（図１－２）。また、スタートにつ

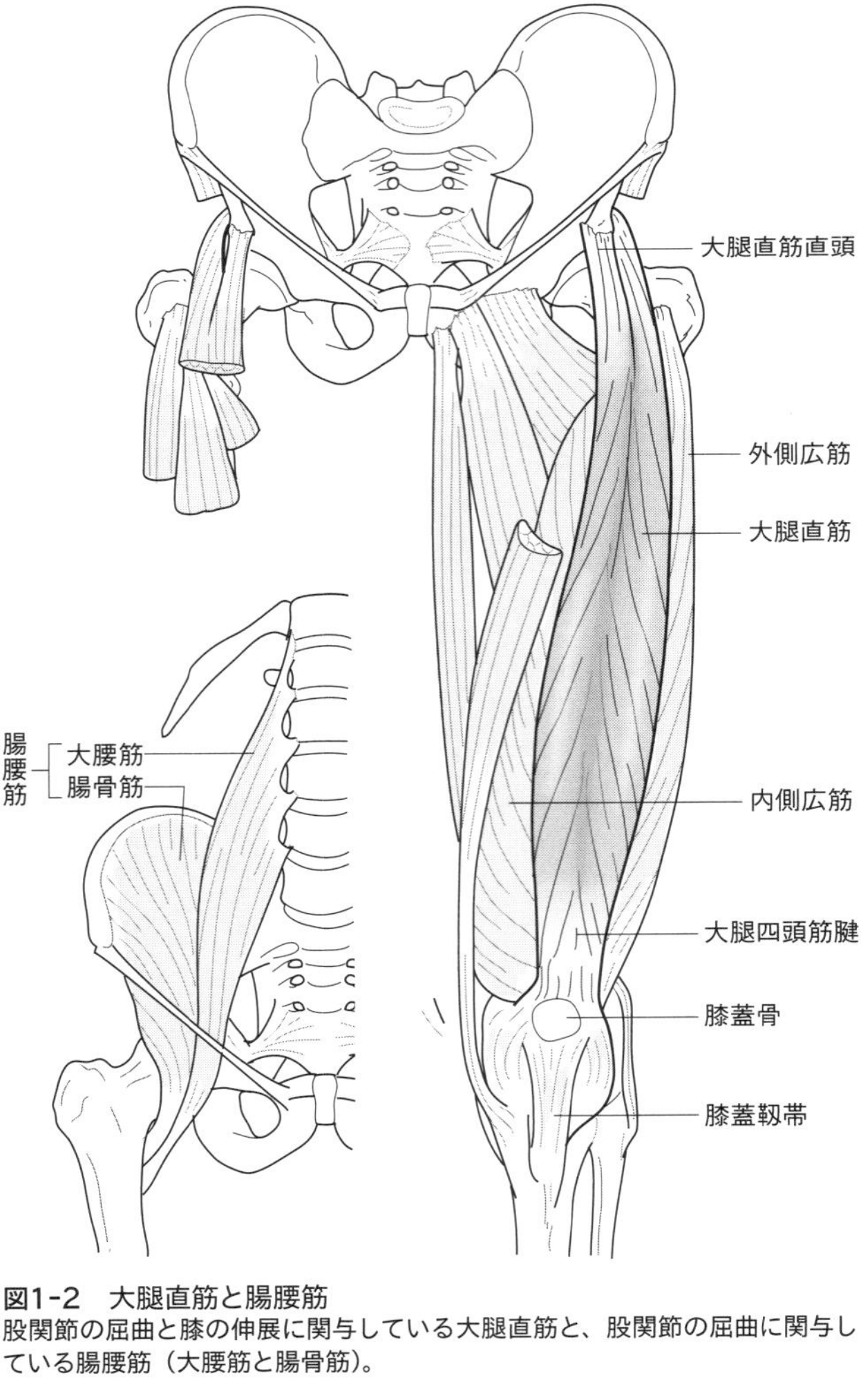

図1-2　大腿直筋と腸腰筋
股関節の屈曲と膝の伸展に関与している大腿直筋と、股関節の屈曲に関与している腸腰筋（大腰筋と腸骨筋）。

いても決して得意ではないことを考えると、「リアクションタイム」の短縮のために、スタートに必要な感覚を磨くことも重要となる。

なぜ日本は男子４×１００メートルリレーで強豪国に勝てるのか

日本の男子４×１００メートルリレーは、２００８年北京オリンピックでの銀メダル、２０１６年リオデジャネイロオリンピックの銀メダル、２０１７年世界陸上（ロンドン）の銅メダル、２０１９年世界陸上（ドーハ）の銅メダルと、表彰台に上がることが珍しくなくなってきている。

しかし、日本代表選手の自己最高記録は、強豪国と比較して決して速くはない。もちろん現在では、日本も３名の９秒台スプリンターを有している。しかし、２０１７年のロンドン世界陸上までは、９秒台スプリンターが一人もいなかったことを考えると、世界の強豪国にリレーで勝ち、表彰台に連続で上がったことは快挙であったといえるであろう。

なぜ、日本代表は男子４×１００メートルリレーで勝てたのか。その秘密は、レース中に３回あるテイク・オーバーゾーン（バトンの受け渡し区間）での円滑なバトンパスという技術によるところが大きい（図１－３）。

テイク・オーバーゾーンの距離は、２０１７年11月に、国際ルールの変更により20ｍから30ｍ

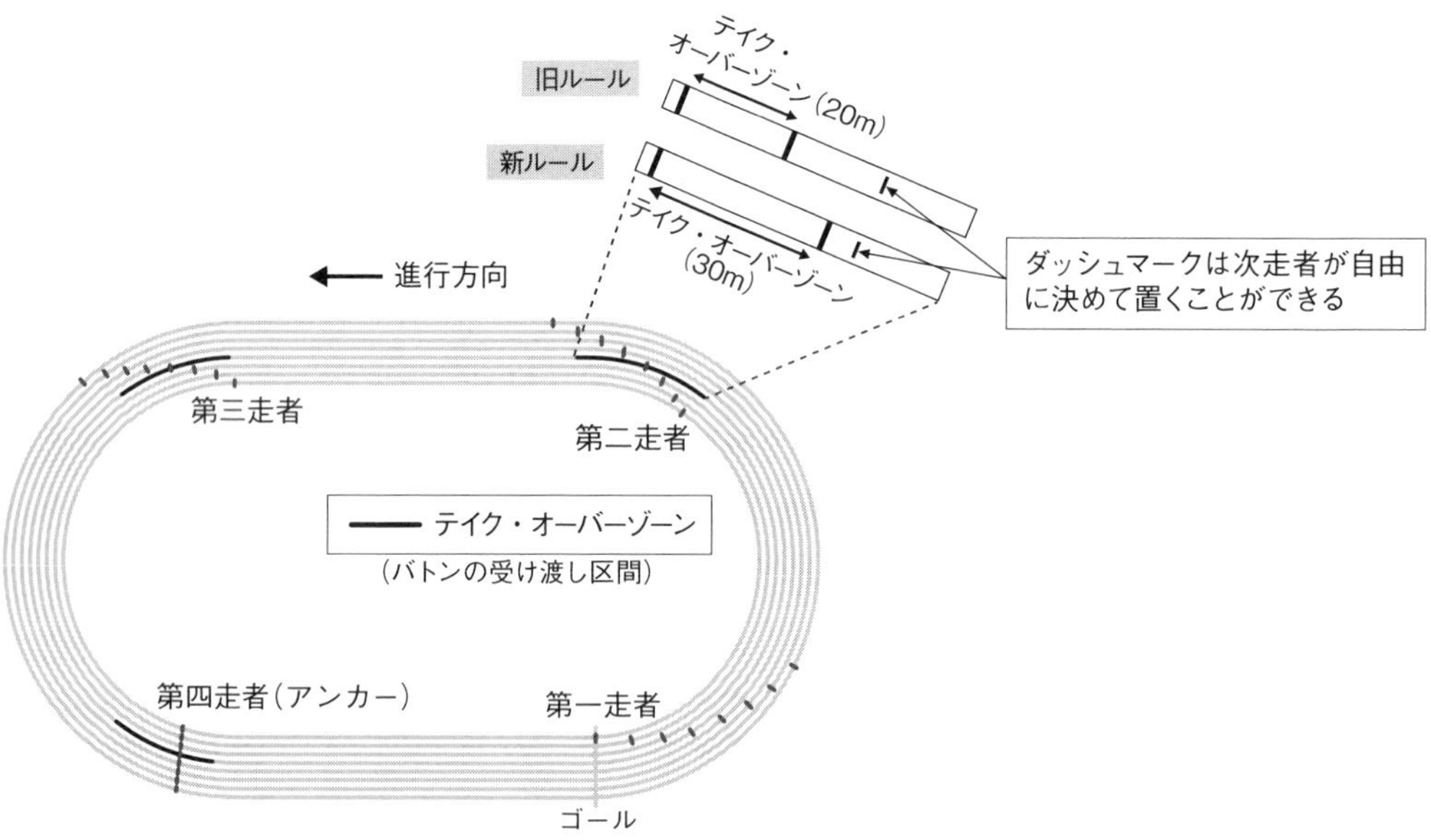

図1-3　テイク・オーバーゾーン

になった。バトンの受け渡しは、テイク・オーバーゾーン内で行われないと失格となる。今回の変更の理由は定かではないが、20mという区間でのバトンの受け渡しミスにより、強豪国が失格になることが多く発生していた。そのため、テイク・オーバーゾーンを長くして受け渡しミスを減らすことで、レースをより魅力的なものにするための世界陸連の配慮であることが考えられる。

小学生や中学生の頃、運動会でリレーをしたことがある人なら良く理解できるであろう。バトンをもらう側は走り出しているが、スピードは遅く、受け取るバトンに目を奪われがちである。渡す側は全力で走ってきたスピードを緩め、とにかくバトンを渡すことに集中する。もしもあのとき、受け取る側が全力でスタートするとともに、それに合わせてバトンパスが上手く繋がれば前を行くチームに追いつき、後ろのチームを引き離すことができたと容易に想像できる。つまり、小学生や中学生の運動会と同じく、オリンピックや世界陸上の戦いも、このバトンパスをいかに円滑に高速でできるかが勝敗を左右するのである。

これまでの日本陸上競技連盟（以下、日本陸連）科学委員会の分析では、40mタイム（テイク・オーバーゾーン30mプラスその後の10mのタイム）とゴールタイムに有意な正の相関関係が認められている。では、世界のトップチームは、40mをどれくらいで走っているのか。２０１７年の世界陸上決勝では、１位のイギリスが平均３秒72（ゴールタイムは37秒47）、２位のアメリカが平均3秒76（37秒52）であった。3位の日本は平均3秒79（38秒04）と40mタイムもゴールタイムも上位3チームの中で最も遅かった。ゴールタイムの差を埋めるためには、メンバーの走力を上げることはもちろん、40mタイムの縮小が必須であることは間違いない。

つまり、日本チームは4名の自己記録を合計したタイムにおいて、アメリカやイギリスに勝つことはなかなか難しいが、バトンパスの技術を磨くことで40mタイムを縮めることができれば、競技に勝つ可能性を高められる。もちろん3名の9秒台スプリンター以外のアスリートも、今後9秒台を出す可能性は十分にあり、根本的な走力が上がることも考えられる。

それでは40mタイムを縮小するためにはどんな要因があるのか。日本陸連科学委員会によれば、個々の走力、利得距離（手を伸ばしながらバトンを受け渡す瞬間の、前走者と次走者との距離）、バトンパスの位置、前走者と次走者のバトンに触れている時間（距離）を挙げている。

ここで注目すべきはバトンパスの方法である。バトンパスには、オーバーハンドパスとアンダーハンドパスの2種類がある（図1-4）。強豪国は、利得距離をかせぐのに有利なオーバーハンドパスを採用している。一方、日本が採用するアンダーハンドパスは、利得距離は短いが、腕を高く上げないため窮屈な姿勢での受け渡しがなく、次走者が走る姿勢に近い姿勢で受け取るため、スムーズに加速に入れるという利点がある。

次にバトンパスの位置であるが、ほとんどの国は、テイク・オーバーゾーンの前半での受け渡

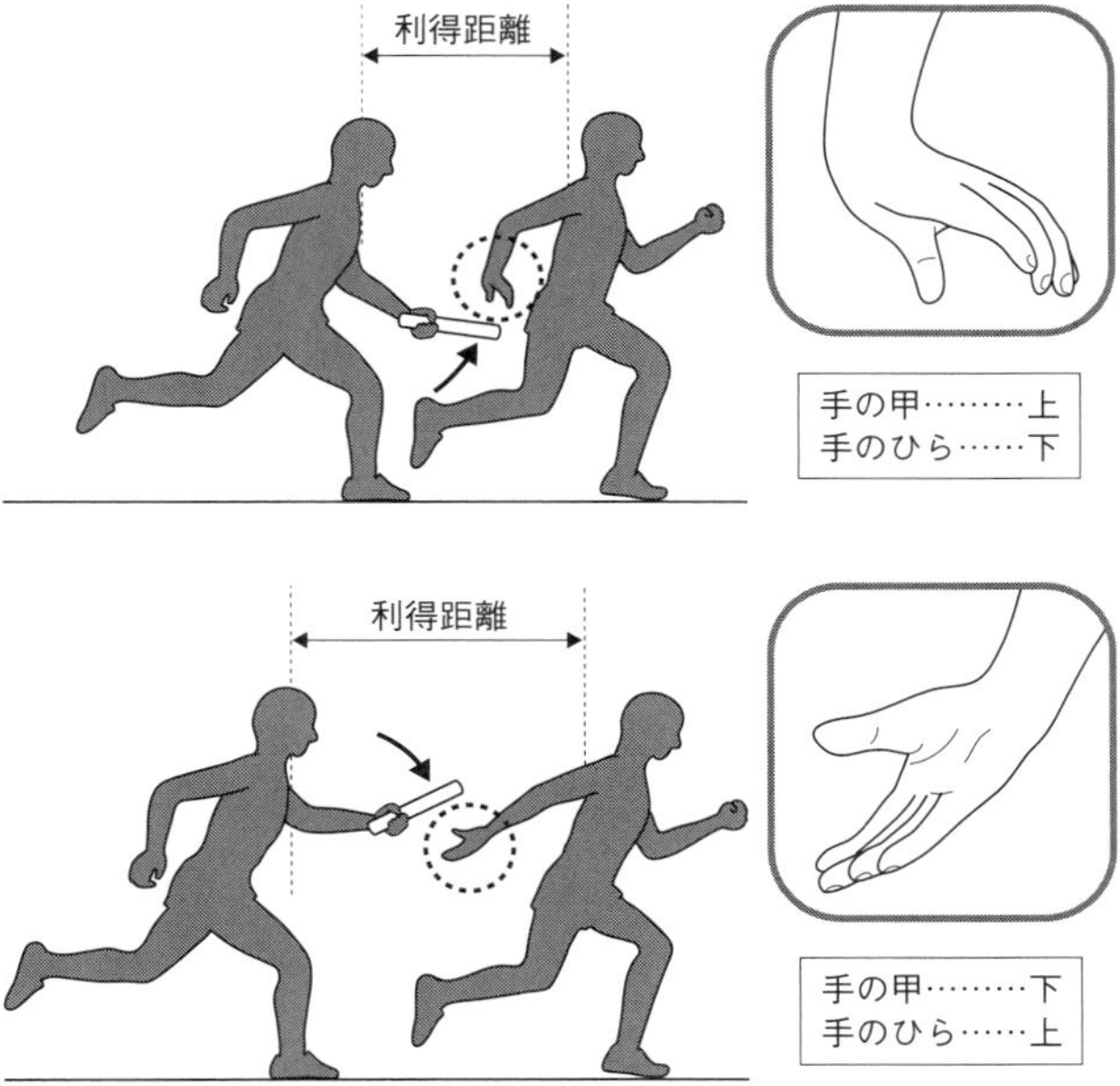

図1-4　アンダーハンドパス（上）とオーバーハンドパス（下）

しをする傾向がある。その大きな理由として、テイク・オーバーゾーン終盤でのバトンパスは、次走者の減速やバトンパス失敗のリスクを高めることになるからである。しかし、少しでもバトンパスを速くするためには、次走者がバトンを受け取ってから加速するのではなく、スタートから加速する延長でバトンをもらうことが必要である。そこで日本代表チームは、次走者が十分に加速してバトンを受け取るために、テイク・オーバーゾーンの中間付近で受け取ることを目標とし、40mタイムを縮小することを目指している。

また、バトンを受け取る次走者がスタートする目印（あらかじめつけておく「ダッシュマーク」）をどこに置くかも重要となる。次走者はこのダッシュマークに前走者が到達してから走り出す。ダッシュマークは、規定内の自分の好きな位置につけることができる。その位置は、次走者と前走者の走力によっても変わってくる。次走者の走力が高いと、置く位置がテイク・オーバーゾーンの始点に近くても十分に加速できる。しかし、次走者の走力が低いとテイク・オーバーゾーンの始点から遠めに置かないと加速が足りなくなる。そういったさまざまな要因を考えてバトンパスの位置を決めている。

男子４×１００メートルリレーは、高速化が目覚ましい。２０１９年世界陸上における結果は、1位アメリカ（37秒10／２０１９年世界最速）、2位イギリス（37秒36／ヨーロッパエリア新記録）、3位日本（37秒43／アジアエリア新記録）であり、続いてブラジル、南アフリカまでが37秒台を出している。特にアメリカは前回大会の37秒52（2位）から0秒42短縮した驚異的な記録である。

高速化がどこまで進むのかを楽しむとともに、２０１７年から距離が変わったテイク・オーバーゾーンにおける、強豪国のバトンの受け渡しの方法、位置、それらの進化に着目しながら観戦していただきたい。

1-3 水泳競技の高速化

スタートとターン

陸上競技と同様に水泳競技もオリンピックの花形競技であり、人々の注目度は高い。特に競泳男子１００メートル自由形は、50m自由形と共に水中での世界最速を競う、最も注目される競技といっていいだろう。自由形はどの泳法で泳いでもいいとされているが、現在、クロール、平泳ぎ、背泳ぎ、バタフライの四つの泳法の中で最も速いクロールで競われている。

クロールにおいてスイマーは、エントリー（頭部前方にて手を入水）、（水を）キャッチ、プル（水を掻く）、フィニッシュ（水面から手を出す直前に掻き切る）を終えてからリカバリー（水中から手を抜いて前方に戻していく）に入る。選手でなくとも、クロール、平泳ぎ、その他どんな泳ぎ方をしても、水の抵抗を強く感じることを経験している人は多いであろう。水の抵抗が強いのは、空気の約８００倍という、大きな密度のためである。したがって人が速く泳ぐためには、水の抵抗と水中での推進力に着目することが必要となる。

泳いでいる時、身体に作用する力は大きく四つに分けることができる。それは浮力、重力、推進力、抵抗である。さらに、浮力と重力、推進力と抵抗は、それぞれ相反の関係にある。ここに水泳の科学的分析の難しさがある。特に一定の区間におけるスピードを競い合う競泳では、20世紀初頭から数々の種類の研究が行われているが、この四つの力について、信頼性をもって正確に計測する方法論が確立できていないのが現状であり、陸上と比べて多くの困難を伴っている。今後、流体力学的な研究をさらに進めることで、多くのことが解明されていくことは間違いない。ここでは、競泳の高速化について、これまでにわかっている点から、泳法だけでなく、競技に関わる器具・道具についても解説したい。

競泳のレースは、四つのフェーズに分けて分析することができる。まず、スタート局面（スタート地点から15mの区間）、ターン局面（ターン前5mからターン後15mの区間）、フィニッシュ局面（ゴール前5mの区間）、そして最後がストローク局面（前述以外の区間）である（図1-5）。

まず重要なのがスタート局面であり、スタート方法に大きく影響される。かつてはスタート台を手で握るグラブスタートと片脚を後方に引くトラックスタートが一般的であった。ところが2009年に認められたバックプレート付きスタート台の導入が、新たな変化をもたらすことになった。このバックプレート付きスタート台（図1-6）を使ったトラックスタートは、キックスタートと呼ばれている。キックスタートでは、スタート台後方の傾斜の部分のバックプレートに

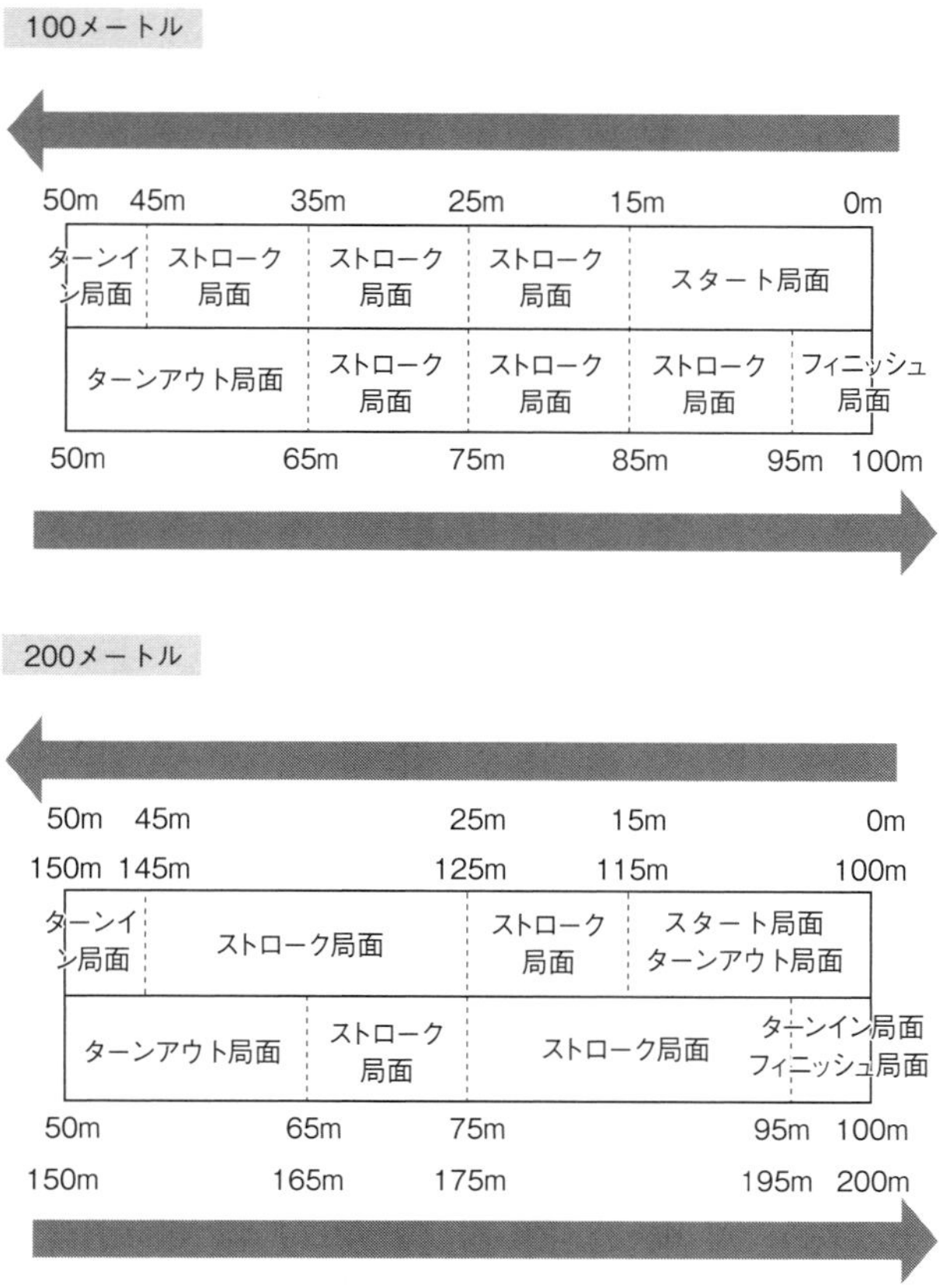

図1-5　競泳100メートル、200メートルにおけるレース局面

図1-6　バックプレート付きスタート台

片足を乗せ、スタートの瞬間にそのバックプレートを蹴ることにより、従来のスタート台よりも空中速度が速まり、飛距離も出やすくなる。さまざまな分析結果からも、この新しい台の使用によるタイムの短縮が報告されている。

スタート台の変化などに合わせながら、多くのスイマーは、自分の身体的な特徴やコーチのアドバイスによりスタート方法を細かく決めている。一般的にスタート局面の平均速度とレース全体の平均速度には、正の相関関係が認められていることから、スタート方法の改良は、高速化への大きな要因の一つであるといえる。

次に、ターン局面においては、世界レベルの選手でなくても、壁を蹴った直後の体全体が潜った状態の初速が、100メートル自由形（クロール）における世界レベルのスイマーの平均速度よりも速いと

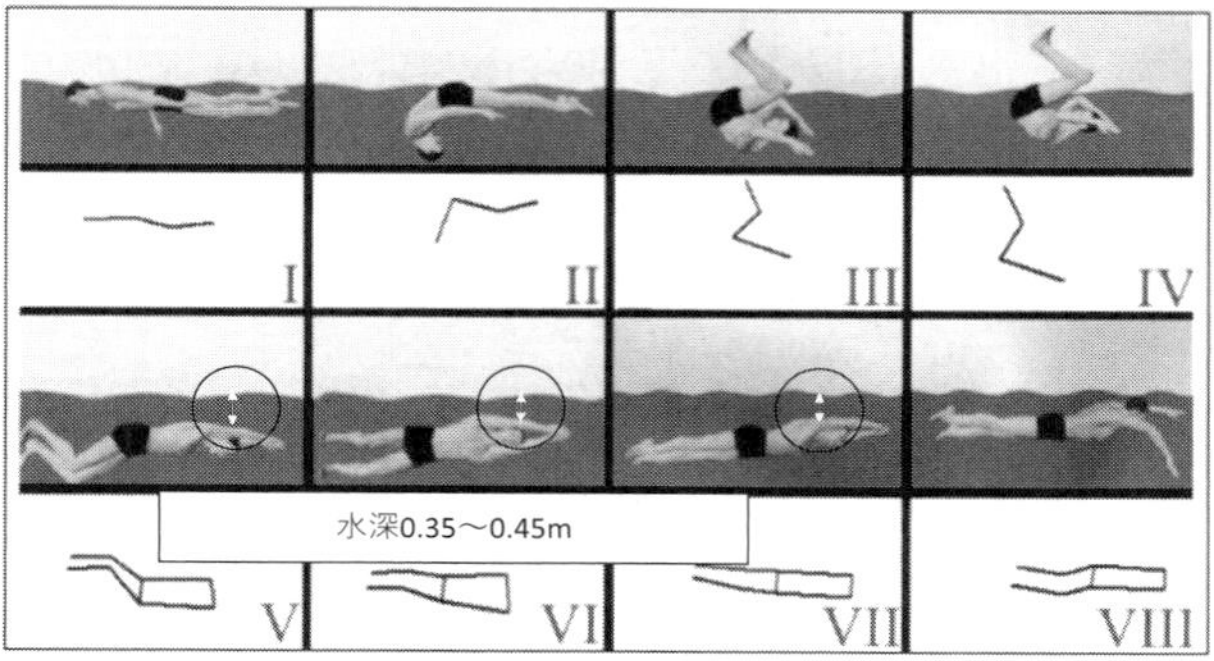

図1-7　ターンのときの水深
Ungerechts 2002

いう結果から、ターンの際には水中を潜行する方が有利とされている。ただ、この場合、波の抵抗や水面浮上までのタイムロスを考慮し、最適な水深を選択することが重要となる。これまでの研究結果から、最適な水深は０・35～０・45ｍといわれている（Lyttle et al, 1999）。その範囲を超えて深すぎても浅すぎてもタイムロスに繋がるということである（図１－７）。

水の抵抗を減らす科学

競泳の高速化には、マテリアル（道具）の影響も大きい。特に水着については多くの研究がなされている。水着の進化で画期的だったものとしては、２００８年の北京オリンピックで一世を風靡した、イギリスのスピード社開発の「レーザーレーサー」が有名である。泳いでいる時の水による抵抗を大きく軽減し、スピードの向上に貢献した。

その「レーザーレーサー」へと繋がっていく、それまでの水着の抵抗の原因を大幅に改良して登場したハイテク水着が、やはりスピード社が研究開発した「ファーストスキン」である。読者の中で記憶している方も多いのではないだろうか。２０００年のシドニーオリンピックで多くのスイマーが着用し、記録を出した。開発にはアメリカの航空宇宙局（ＮＡＳＡ）、バイオメカニクスやサメの研究者も加わったといわれている。

特徴の一つ目としては、水着の表面にリブレット（サメの肌を模倣した細かな縦溝）を施し、その効果で抵抗を減らした点である。抵抗減の要因は、溝に沿って小さな縦の渦が生じることによって、境界層（生地表面近くの流れの層）を打ち消して制御し、摩擦抵抗を低下させたことである。二つ目は、着心地を考慮した三次元的なカッティングである。

シドニーオリンピックではメダル獲得者の、男子で67％、女子で66％が「ファーストスキン」の水着を着用していたと当時の記事にある。さらに、12の世界新記録にも絡んでいたようだ。

ハイテク水着は２００４年アテネオリンピックでも進化し、そして２００８年北京オリンピックにおいて前述の「レーザーレーサー」でピークを迎えることになる。

着用した選手が次々に世界記録を更新し、「高速水着」と呼ばれた「レーザーレーサー」は衝撃的だった。北京オリンピックでは、世界新記録が21種目で25個出たが、記録を出したほとんどの選手が着用していたといわれている。また、金メダルを獲得した選手で、着用していた割合は実に94%であった。

「レーザーレーサー」は、レーザーパルスと呼ばれる立体裁断された3枚のナイロン素材を特殊な加工で張り合わせたもので、縫い目がなく、撥水性《はっすい》が高く、浮力も大きい。そのうえ、前述の「ファーストスキン」より約30%軽量化されていた。さらに、締め付ける力が強いため身体の断面積を減らし、また凹凸を減らす効果により水の抵抗を低下させることに成功していた。

しかし、オリンピックでは禁止薬物使用によるドーピング問題が大きな課題の一つとなっていた中、高価で一部の国や個人しか購入できない高速水着に対しても、同様に公平性を欠くのではないかとの議論もおこり、「レーザーレーサー」は2010年以降姿を消すことになった。

その後は、ルールの改変に合わせてさらなる開発を経て、「レーザーレーサー」「ファーストスキン」という名前は残りながら、進化を続けている。

100分の1秒を競い合う競泳では、水着の研究以外でも、抵抗を減らすためにさまざまな工夫が行われている。たとえば、水の抵抗を減らす一つの方法として体毛を剃《そ》るということがある。剃毛《ていもう》が競泳競技の高速化に影響することを明らかにした研究もある。Sharp & Costillは、1989年に、男子競泳選手が全身の体毛をすべて剃って泳いだ場合、抵抗の減少により身体への負担度が減少し、剃毛の前後で心拍数および血中乳酸濃度などが有意に低下し、ストローク長（一かきで進む距離）も伸びたという研究結果を得ている。

オリンピックや世界選手権等の競泳競技において、水の抵抗への対策の点からスイマーの水着をチェックすることに加え、髪の毛はスイムキャップを被るから別として、男子でも身体にあまり毛がない選手が多いことにも注目してみてはどうだろう。

1-4 スピードスケートと科学

高地のほうが記録が伸びる⁉

スケート競技には、大きく分けて、フィギュアスケート、ショートトラック、スピードスケートがある。スピードスケートとショートトラックは似ているが、大雑把にいうと、スピードスケートはタイムを競い、ショートトラックは順位を競うという違いがある。ここでは、タイムを競うスピードスケートに焦点をあてていきたい。

2018年2月に開催された平昌《ピョンチャン》冬季オリンピックにおいて、スピードスケート女子500メートルで小平奈緒選手は見事に金メダルを獲得した。さらに、ライバルの韓国イ・サンファ選手の自国開催でのプレッシャーを思いやり、肩を抱き一緒に滑る彼女の姿に感動し、鮮明に記憶している人も多いであろう。

小平選手は、同種目において２０１６年シーズンから直前のワールドカップまで24連勝と好調を持続してオリンピックを迎えた。その中で地元韓国の世界記録保持者でオリンピック２連覇中のイ・サンファ選手との戦いが多くの注目を浴びていた。結果は小平選手が36秒94でイ・サンファ選手の37秒33を上回り、平地リンクでの世界記録およびオリンピックレコードで悲願の金メダルを獲得した。

ところで、イ・サンファ選手の持つ世界記録36秒36は、２０１３年11月に高地のソルトレイクシティーで出したものである。高地と平地におけるスポーツのパフォーマンスの違いは、なんとなく耳にされることもあるかと思う。高地トレーニングをするアスリートの様子がニュースとして伝えられることも多い。では高地と平地では何が違うのか。それは空気密度である。標高が高くなるほど空気密度が小さくなり、そのため空気抵抗も減少する。空気抵抗が減少すると、それだけ良いタイムが出やすくなる。

ソルトレイクシティーのリンクは標高１４２５ｍに位置する。一方、平昌オリンピックのスピードスケート会場は、標高41ｍであった。５００メートルレースでは、標高が１００ｍ高くなるごとにタイムは０・１秒短縮するというデータもある。だとすれば、もし小平選手が高地のソルトレイクシティーで滑っていれば35秒54の驚異的な世界新記録を出していた可能性も考えられる。もちろん、他にもタイムに影響する要因として、リンクの氷の状態、気温、そして空調などの人工的な風等の影響もあるため、一概に標高だけで記録を推定することは難しいのも事実である。

実際にスケートリンクの標高とパフォーマンスに関する研究では、標高が1000m上昇するとパフォーマンスの平均がジュニアで2・8%、シニアで2・1%向上したとの報告がある(Noordhof et al., 2016)。

練習環境によるレベルアップ

スピードスケート500メートルも他の競技・種目と同じく高速化を辿っている。男子は33秒台の戦いに突入し、女子は前述の小平選手らによる36秒台の争いである(図1-8)。また、ルールの変更により、2018年平昌オリンピックから、それまでの2回の合計タイムではなく1回のタイムで争われるようになった。

ところで、1988年カルガリーオリンピックにおいて銅メダルを獲得した黒岩彰《あきら》選手は、1984年のサラエボオリンピックの前年に世界スプリント選手権で日本人初の優勝をするなど、一躍脚光を浴びてサラエボに臨んだ。しかし、悪天候とメディアのプレッシャー等により惨敗(10位)という結果であった。その後、世界を単独で遠征し、さらに力をつけカルガリー大会に出場し、見事に銅メダルを獲得した。その時のタイムが36秒77であった。

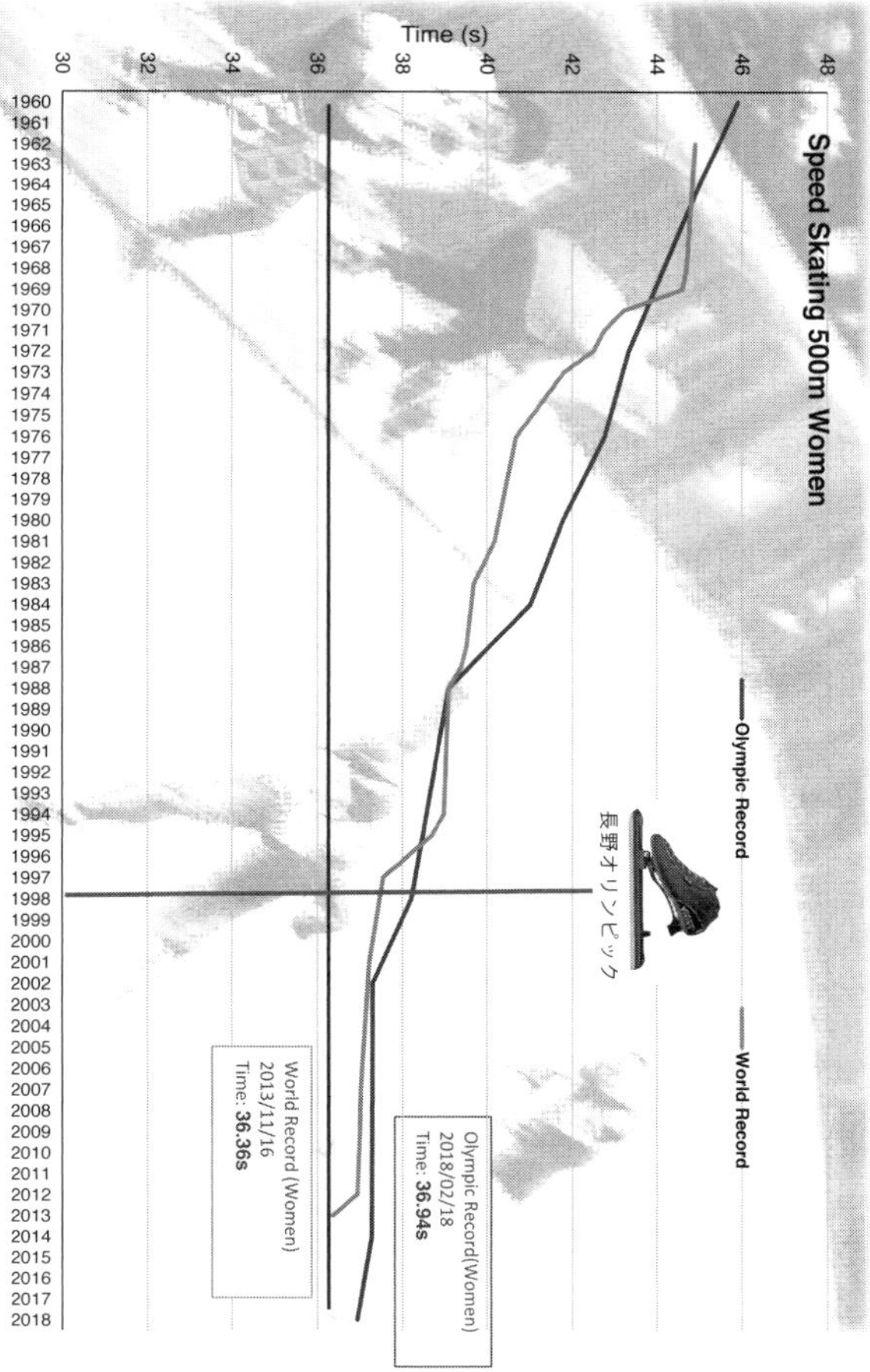

図1-8　スピードスケート500メートル女子の記録の変遷

カルガリー大会の優勝者は、旧東ドイツのウーベ・イェンス・マイ選手でタイムは36秒45（当時の世界新記録）であった。女子の優勝は、アメリカのボニー・ブレア選手でタイムは39秒10（当時の世界新記録）であった。カルガリーも標高1034mと比較的高地のため、前述のソルトレイクシティーのリンクと同じく高速リンクとされている。

現在、小平選手とイ・サンファ選手の記録は、30年前の男子の記録に追いついたことになる。小平選手が男子選手と一緒に滑走トレーニングをしている姿は、報道でもよく取り上げられている。2019年3月、カナダのカルガリーのリンクにおいて、男子のレースに小平選手が参加した。結果は日本新記録に相当する36秒39であったが、この試みには小平選手が目指す滑りの追求がうかがえる。現状、彼女以上に速い選手が同性にいない。さらに高いレベルにいくためには、自身より速いスピードを体感する必要があることは間違いない。陸上競技においては、最大疾走速度の向上を目的として傾斜面を用いたスプリントトレーニングをすることがある。スピードスケートでは傾斜付きのトレーニングができない中で、女子選手が男子選手と一緒に滑走することで、自分だけでは出せないスピードを感じることは、競技力の向上面からも有益と考えられる。

スポーツにおいて、パフォーマンスに影響を与える要因は複雑で、一つに特定することはできない。だからこそ、トップアスリートのパフォーマンスの向上には、科学も駆使しながら、あらゆる方向から総合的なアプローチを試みる必要がある。

小平選手の滑りに強く影響を与えているのは、信州大学の結城《ゆうき》匡啓《まさひろ》教授である。結城教授は大学スケート部の監督でもあり、小平選手のコーチでもある。自身もスピードスケートのトップアスリートとして活躍した後、スポーツバイオメカニクスの研究者としてスピードスケートに関する数多くの論文を執筆している。特にコーチングという観点からスポーツ科学を活用した解析に関して、「科学は『今を計測し、次を制御する』。まさに計測・制御システムでスポーツの発展を支えている」と持論を展開している点は注目に値する。つまり結城教授は、スポーツ科学を適切に活用することで、トップアスリートが持つ暗黙知を形式知化できる可能性を示唆している。

小平選手は、高校時代のインターハイにおいて５００メートル、１０００メートルの二冠を獲得している。彼女が国立大学の信州大学を受験したのは、結城教授の理論的指導を受けるためであったことは知られているが、選手も科学的理論を学ぶ意味は大いにあると思われる。

遠心力との戦い

スピードスケートは一周４００ｍのリンクを滑走して速さを競う競技である。正確には内側（インコース）のみでは３８７・36ｍであり、レース中にインコースとアウトコースを交差して滑走することにより一周４００ｍになるように設計されている。男子５００メートルでは、最高スピードが時速60㎞近くにも達する。

また、ブレードといわれる氷を捉える細長い刃の部分は長さが約40㎝あり、厚さは0・9㎜である。基本的に靴の部分の大きさに合わせてブレードの長さが決まってくる。ブレードは長い方が、スピードが乗ってからの滑走には有利である。ただし、トップスピードに乗るまでに時間がかかる。逆に短いとトップスピードに乗せるまでは短縮できるが、そのまま一定のスピードで滑走することには不利となる。

スケート競技には、スピードスケートの他、ショートトラック、フィギュアスケートがある。ショートトラックのブレードは、スピードスケートとほぼ同じ長さで約40㎝前後あり、厚さは若干厚く1・3㎜程である。フィギュアスケートのブレードの長さは、靴の長さとほぼ同じであり、刃の厚さは演技上安定を必要とするため約4㎜ある。

スピードスケートの最初の局面であるスタートは、陸上競技と同様に身体を静止した状態から行われる。そのため、スタート時は滑るというより氷上を走るという形になる。この局面で重要なのが、摩擦抵抗の少ない氷面上で下肢での爆発的なパワーを発揮させながら、より効果的に氷に力を伝える技術が要求されることである。

ただ、前述の結城教授らは、金メダリスト（清水宏保選手）を含む世界トップクラスのアスリート3名のスタートに関する解析を行った結果（図1-9）から、清水選手は「1歩目から滑っている」ことを報告している。他の2選手との大きな違いとしては、スタートの踏み出し動作が

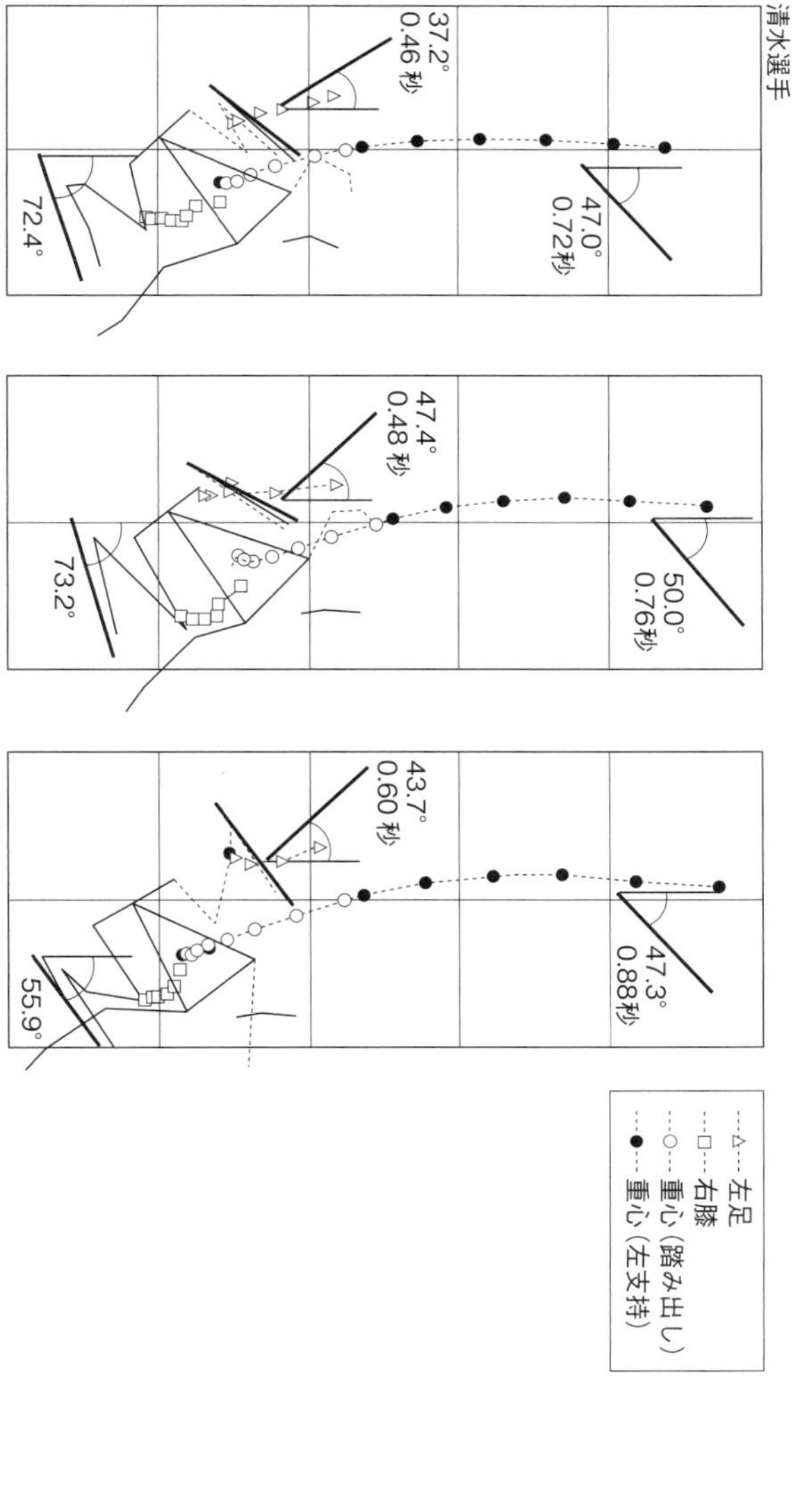

図1-9　スタートの構えから2歩目の着氷までのスケートの位置と重心の軌跡
清水選手の動きが他の2選手より直線的になっているのがわかる。　結城, 1999

直線的に行われていて、左スケートの角度が小さいことが理解できる。このことが重心を進行方向に真っ直ぐ運ばせることにも影響し、その後のスケート速度を大きくすることに繋がっている。これも、バイオメカニクスという科学を活用して解析した結果だ。一見走っているように見える氷上の動作の本質をとらえることができ、トップ選手のなかでも、スタート局面においてこのような差があることがわかった。

滑走の局面においては、ストレートとカーブとで異なる運動様式で滑ることが求められる。半径26～30mのカーブでは大きな遠心力が作用するため、身体をリンクの内側に傾け、常に身体の右方向（反時計回りのため）へ伸展動作を行う必要がある。この時に片脚に体重の約1・5倍もの負荷が加わるとともに、厚さ0・9㎜のブレードを巧みに操る滑走技術が要求される。カーブでの滑走は、右足で左足をまたぐような動作（レッグオーバー）を行うのが特徴的である（図1－10）。このクロスさせるレッグオーバー動作は、トップ選手においても難しく、すべての種目でカーブの滑走技術が競技成績に大きく影響するといわれている。

スピードスケートの中でも最速を競う500メートルのレースは、一つ目のカーブフェーズで最大速度近くまで加速し、ストレートフェーズでこの速度を維持することが必要となり、カーブフェーズでの遠心力と戦わなくてはならない。前述の通りカーブでは、身体を傾けた状態で伸展動作を行うため、身体の軸を安定させ左右の足で氷を強く押すことが求められる。

図1-10　カーブでの足運び
de Koning et al., 1991

また、カーブにおけるライン取りも大切である。車のレースではアウトインアウトの入り方が高速で回る基本といわれている。アウトインアウトとは、カーブ手前では外側から入り、カーブ真ん中では内側を目指し、また外側に出て回りきるというルートである。実際のカーブの半径より大きな半径を回ることで、より直線に近いコースで減速を少なくするという理屈である。スピードスケートも、アウトインアウトのラインが高速で滑る基本といわれているが、はたしてそれが正しいのか、また、より速度を出す方法があるのか、最近では滑走軌跡データを解析して研究を進めている。

長野市のオリンピック記念アリーナ（エムウェーブ）では、コース全周の直上に28台のモノクロカメラを設置し、複数のパソコンと組み合わせて選手の滑走軌跡と速度を精密に計測するシステム（Local Position Measurement System：ＬＰＭシステム）が構築された。このシステムを用いた滑走軌跡と速度の分析が行われている。この結果、多くの選手のカーブ滑走ラインを見ていくと、外側から進入した後、一旦内側ラインに近づき、再び出口に向かって外側に膨らんでいく滑走をしていた。つまり前述のアウトインアウトで滑走していることになる。しかし、当然のことながら、それはレーンの形状よりも大きな半径の円を描くため、実際の滑走距離は本来のレースの距離である５００ｍより長くなる。このシステムを使った研究がさらに進み、距離が長くなることによるタイムロスと小さく回ることによる減速との絶妙なバランスが見つかれば、より速くカーブを回れるようになる可能性もある。

今後、さらなる研究が必要であるが、高速で滑るためにはアウトインアウトが基本であるかどうかは定かでない。スポーツの常識とはこのような計測機器の発達により変化していくこともあり、こういった研究で画期的に分析力が上がると、新たな競技力向上の可能性にも期待がかかる。

スケート靴を分析して勝つ

スポーツバイオメカニクスの活用により、スピードスケートにおける競技力の向上に寄与した

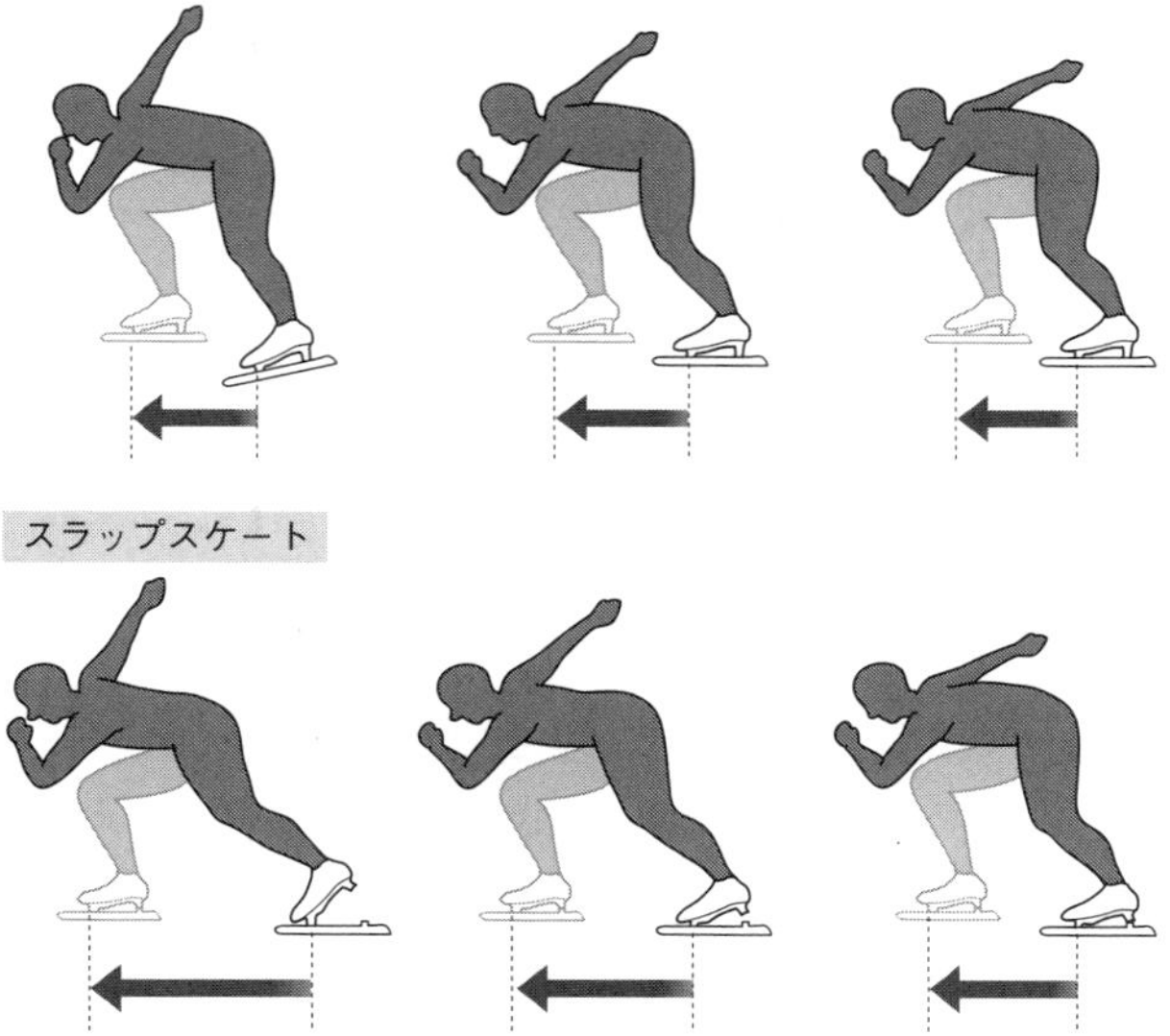

図1-11　かかとが離れるスラップスケート
結城, 1999

例をもう一つ紹介したい。１９９８年の長野オリンピック男子５００メートルでは、清水宏保選手が見事に金メダルを獲得した。しかし、そこに至るまでの道のりは決して平坦ではなかった。それは、１９９７年に登場した、スケート靴とブレードが離れる構造を持ったスラップスケート（図１－11）が、スピードスケート界に旋風を巻き起こしていたからである。

当時、日本は男子短距離において、二枚看板の堀井学、清水両選手がワールドカップで連戦連勝していた。しかし、このス

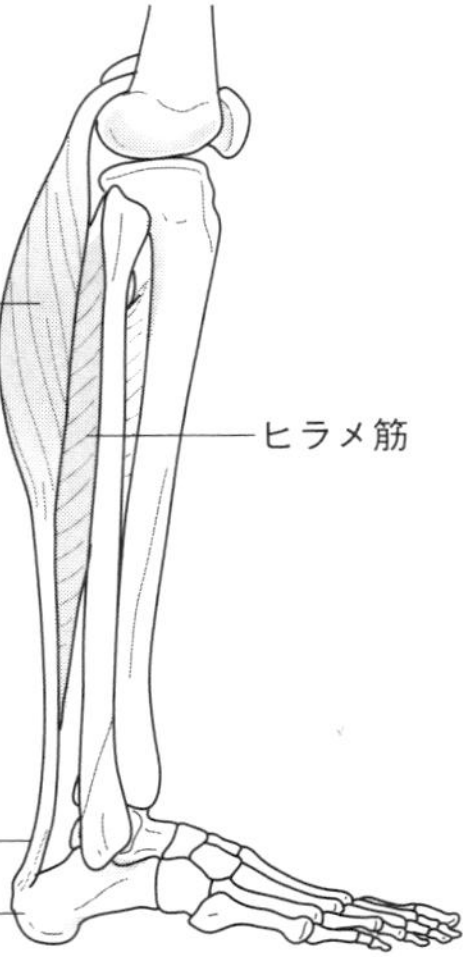

図1-12　腓腹筋の位置

ラップスケートを使うかどうかが直前まで激しく議論された。その中で先述の結城匡啓教授らは、1997年の世界選手権（長野大会）において両タイプのスケート靴を使った選手の中で最も優れた2名の選手の滑走動作について、スポーツバイオメカニクスを駆使して三次元解析を行いデータを蓄積していった。

従来型スケートとスラップスケートにおける500メートルレース中の滑走スピードの変化を計測し、300〜400m区間で出現するトップスピードが、スラップスケート使用により大きくなることを解析した。さらに、スタートから20mまでのタイムを短縮できれば、500メートルのレースでスラップスケートの使用が有利になる

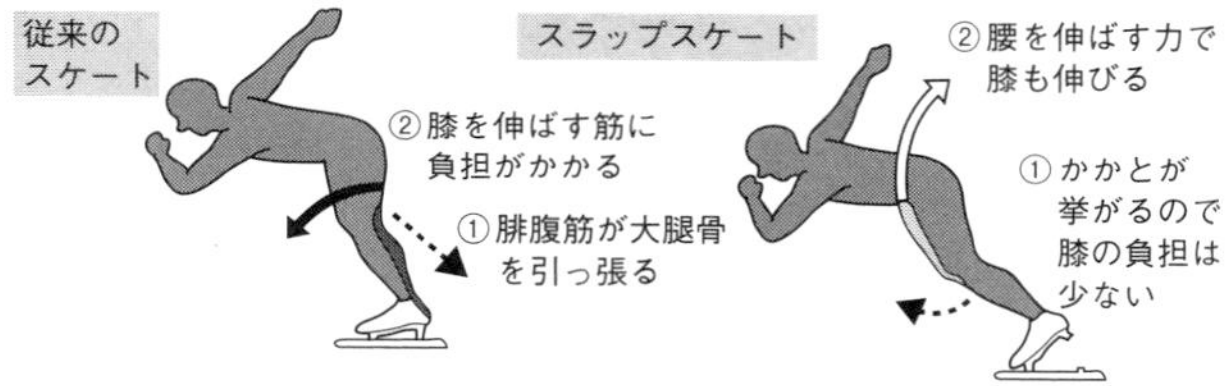

図1-13　スケート靴による膝関節伸展筋群の負担の違い
結城, 1999

点を示唆した。

また、従来型では、かかとが挙上しないためストローク中に腓腹《ひふく》筋（図1－12）が伸ばされ、膝関節の伸展を妨げる方向に引っ張っていたと推論した（図1－13）。一方、スラップスケートでは、かかとが挙上するため腓腹筋が伸ばされず、膝関節伸展筋群の負担が小さくなると考えた。そこで、結城教授らは、アスリートとコーチに、スラップスケート活用に有効なトレーニングとして、大臀《だいでん》筋、ハムストリングス、背筋などの股関節伸筋群の強化をアドバイスしていった。

さらに、スケート靴に使われている素材も進化してきた。今では当たり前になっているカーボン製の靴底も、かかとの挙上が特徴的なスラップスケートの動作と関係している。それまでの靴は重量が250～320gであったが、カーボン製の靴は110～130gと軽量化された。

スラップスケートについて結城教授らは、「スラップの力学的利点と滑走技術」「スラップの解剖学的利点とトレーニング」などの貴重な科学的分析の情報を提供していった。

しかし、やはりオリンピックの直前までアスリートとコーチは迷っていた。2ヵ月半前のワールドカップでは、男子500メートルを除くすべての短距離種目の世界記録がスラップスケートにより更新された。「従来型のスケート靴でも十分に戦える」「いや、ライバルたちはスラップスケートを使うであろう。ならば、私たちも……」「自分たちの決断によって、地元オリンピックでの金メダル獲得を逃すようなことがあってはならない」等々の声がアスリートやコーチ陣からあがった。

その中で注目すべきは、研究者がスポーツバイオメカニクスにおいて解析した結果を、コーチとアスリートにフィードバックし、未知のマテリアルを使う決断をさせたことである。もちろん、金メダルを獲得したのはアスリートの持続的な鍛錬と、それを支えたコーチらの取り組みがあったことはいうまでもない。ただ、結城教授らが行った一連の経緯は、突然現れたそれまでになかったスラップスケートというマテリアルを使うかどうか直前まで迷っていたアスリートとコーチに、研究者が科学的データに基づき、使った方が良いとの提案をした貴重な事例であることは間違いない。

結果として清水選手はスラップスケートを選択し、ご存じのように、長野オリンピックで金メダリストとなったのである。そして、現在ではスラップスケートが主流となっている（前述のシヨートトラックでは使用禁止である）。

1-5 体操競技の高難度の秘密

50年でウルトラCからI難度へ

体操競技は現在、男子が6種目（ゆか、あん馬、つり輪、跳馬、平行棒、鉄棒）、女子が4種目（跳馬、段違い平行棒、平均台、ゆか）で構成されている。

体操競技は演技の出来栄えを競い合う採点系競技であり、その特性は「美しさ」「正確さ」「難しさ」から構成されている。現在の採点規則の基礎になっているのは、１９６４年東京オリンピックを機に作られたものである。技の体系化、減点緩和の導入から難度はA～Cまで具体的に例示され、難度表の基礎が構築された。その後も採点規則は、ほぼ4年ごとに改定されてきた。それは、体操競技の運動技術の目覚ましい進歩と大きく関係している。

１９７５年には、それまでの減点方式に加えて、加点採点法として「独創性、決断性、熟練性」の三つの領域において０・６の加点を設定する方法に、完全移行がなされた。これにより、技の難度はさらに増すことになっていった。

それから10年後の1985年には、D難度が設定された。その後も採点規則は変更され、加点の範囲も0・6~1・0に拡大されていった。

度重なる改定の中でも最も大きな変革は、1997年版採点規則の規定演技の廃止であった。また、加点領域は1・4まで拡大された。そして2006年版採点規則から、10点満点制が撤廃された。これにより、選手はさらに技を磨き高得点を目指すようになり、進化の速度もどんどん速くなっていったといえるであろう。

2017年版の採点規則ではI難度が設定された。これにより難度は、1964年の東京オリンピックの3段階(A~C)から9段階(A~I)まで増加した。つまり、現在の体操競技では、前回の東京大会で最高難度であったウルトラCからD、E、F、G、HそしてI(女子はJ)まで難度が上がっている。

現在の採点法は、これらの技の難度、組み合わせ等で評価されるDスコア(演技価値点)と、技の雄大性、美しさ、着地で静止することで評価されるEスコア(実施/出来栄え点)の合計で競われる。

ちなみに2008年北京オリンピックから2016年リオデジャネイロオリンピックまで3大会連続でメダル(金3、銀4)を獲得している内村航平選手は、美しい体操を信条としてEスコアに重点を置いた演技構成を重視している。

一方、リオデジャネイロオリンピックの団体金メダリストであり、史上最年少（17歳1ヵ月）で、世界選手権のゆか運動において金メダルを獲得した白井健三選手は、Ｄスコアを重視した演技構成を行っている。

自動採点システムはどこまで可能か

前述の通り体操競技は、演技の出来栄えを競い合う採点系競技である。その評価は採点規則によって審判が行ってきた。しかし、国際体操連盟（ＦＩＧ）の決断により自動採点システムを、２０１９年の世界選手権で補助的に活用し、さらに東京２０２０オリンピックから一部導入することになった。自動採点システムは、日本の富士通、日本体操協会、そしてＦＩＧが共同研究し開発した画期的なシステムである。アスリートの動きを立体的に解析する「３Ｄレーザーセンサー」、技のデータベース、そして人工知能（ＡＩ）が活用されており、データベースには１３００種類以上の技が登録されている。東京オリンピックでは、男女10種目中5種目（男子のあん馬、つり輪、跳馬、女子の跳馬、平均台）で採用が予定されている。

そもそも、自動採点システムを導入した背景には、技の高難度化に伴い、審判員が目でとらえられる範囲を超えてきている点がある。新しいシステムの導入の利点としては、演技の採点における公平性、正確性の確保、および競技時間の短縮も考えられる。今後、さらに改良が加えられ、体操競技だけでなく採点系の競技の主流になっていく可能性が高い。

映像技術がレベルをアップ

1957年、旧東ドイツのボルマンは、技の技術分析における映像撮影の方法の有用性について、キネグラム（技の動きを連続写真でとらえたものや連続図）によって運動経過が正確に研究できるようになった旨を論文で発表している。これを機に体操競技では、肉眼での技の観察や印象分析に頼るのではなく、客観的な証明力を持つ技術分析法の確立へと進んでいくことになった。さらに、科学技術の進歩に伴い映像機器、撮影方法、分析手法は格段の進歩を遂げていった。

現在では、撮影した映像を自由に何秒か遅らせてモニターに再生できる映像遅延装置も開発され、多くの大学や高校の体操競技場にも設置されている。

また、記録方式もかつてのフィルムから、VHS方式のビデオカメラ、8ミリビデオカメラ、ミニDVテープ、SDカード、そしてデジタルビデオカメラ等へと、次々と新しいアイテムが登場することによって、大きく進歩した。それに伴いアスリートやコーチは、自分のスマートフォンやタブレット端末に映像を入れて日々観ることができるようになり、技のイメージ作りに活用することがもはや普通になっている。

これらの映像技術は、日常の練習でも、また体操競技以外でも一般的に活用され、ナショナルチームのアスリートだけでなく、大学生から小学生までが映像分析を導入できるようになった。体操競技においては、子供のころから一流選手の動きをイメージしながら自分の動きを客観視できることになり、映像技術の進歩がＤスコアとＥスコアの向上に繋がっていることは間違いないであろう。

映像技術に加えてセンサーや全地球測位システム（ＧＰＳ）等、さまざまな科学技術を活用した分析も、体操競技の技術の躍進を支えている。男子６種目の中で、バイオメカニクス的な研究の対象に最適な種目は、跳馬である。その理由は、一つの演技で一つだけの技が実施されることにある。すなわち、助走からの踏み切り→第１空中局面→着手→第２空中局面→着地といった運動の局面が明確ですべての技に共通していること、力学的にみて踏み切りと着手局面がさまざまな技の成否にとって重要な局面であることが理解されやすいことなどが挙げられる。よって、研究論文も比較的多いのが跳馬である。同等に多いのは、鉄棒である。ひねりを含まない矢状面上の技が多く存在することが、その理由と考えられている。

前述した通り、バイオメカニクスという科学的手法は、測りやすい対象とそうでない対象がある。科学はまだまだ万能には程遠い。しかし、正しく対象を選んで活用することでその力は大きな意味を持つことになる。

ただ、測りにくい対象でも局面を限定すれば測定することは可能である。たとえば、男女に共通した種目である「ゆか」は、前方や後方への宙返りをその代表とするアクロバット系の運動や、ターンや開脚ジャンプのようなダンス系の運動などによって構成されている。その中でバイオメカニクス的研究の対象は、アクロバット系の運動が中心である。

これまでのバイオメカニクス的研究から、宙返りの行われる空間の大きさや、姿勢と回転数を左右する、宙返りの踏み切り時の水平・垂直速度と角運動量を得ることの重要性が指摘されている。角運動量とは、回転の勢いを表す物理量であり、回転運動の特徴を表す基本量である。種目によっては、このようにある動きにフォーカスして映像分析技術を活かしている。

1-6 サッカーの進化

サッカーの高速化

サッカー、ラグビー、野球、バレーボール、バスケットボール等のボールゲームでは、試合中にスカウティング（ゲームの分析）をすることが一般的となっている。サッカーのスカウティングでは、ボールの支配率、パスの回数、パスをした相手、シュートの回数、走行距離、その他についてアナリストがパソコンやタブレット端末で、専用ソフトを使って詳細に分析し、フィードバックが行われている。さらに、近年、GPSを使うことも一般的になっている。分析されたデータはさまざまな形で戦術、トレーニング、そして身体のケアに使われている。

スカウティングには、映像技術とその分析技術などの科学が活用されている。その分析によると、陸上、水泳、スピードスケートなどの記録系競技だけではなく、チーム球技系の競技においても高速化が進んでいることがわかっている。サッカーでは、イングランドのプレミアリーグの7シーズンにわたるパフォーマンス分析において、高強度のランニング距離とアクションが最大で30％増加していることがわかった。さらに、スプリント（試合中の全力疾走するような動き）の距離と数は約35％増えていることが明らかになっている。

データ分析力の差がチーム力の差に

また、チームごとのプレースタイルも年々変化している。2010年に南アフリカで開催されたFIFAワールドカップにおいて優勝したスペイン代表チームの特徴は、ボールを常に保持する「ポゼッションサッカー」といわれた。このスタイルは、ボールを保持し相手を守備に奔走させながら主導権をもって仕掛ける攻撃戦術である。ポゼッションサッカーは、試合をコントロールする手段の一つであり、ボールを保持することで相手チームを動かし体力的に消耗させること

	2006(年)	2008	2010	2014
ボール保持時間*	2.8（秒）	1.8	1.1	0.9

＊一人の選手の保持時間

表1-1　ドイツ代表チームにおけるボール保持時間の変遷

もできる。

同大会においてポゼッションサッカーを浸透させることで2大会連続の3位となり、２０１４年ブラジル大会を制したドイツ代表監督であるヨアヒム・レーヴ氏は、ポゼッションサッカーをさらに高度化させるために、一人の選手がボールを保持する時間を最小化することにこだわった（表１－１）。そこで、新たにＩＴ企業のＳＡＰと連携したのである。ＳＡＰは膨大なデータ分析を得意とするドイツの企業である。ドイツサッカー連盟とＳＡＰは共同でサッカーのリアルタイム分析システム「マッチ・インサイト」を開発し、徹底したプレーのデータ収集と分析を行った。

レーヴ氏は分析データを活用し、さらにポゼッションサッカーを進化させた。それはゴールに向かって常にスピーディーに進みながら縦にボールを保つ、新しい形のスタイルであり、彼らは「プログレッション（前進）」と呼んでいた。この結果、ドイツは２０１４年ＦＩＦＡワールドカップブラジル大会を制した。

ところが、ポゼッションサッカーに転機が訪れたのは、２０１６年のことだった。６月から行われたUEFA EURO 2016において、全51試合中ボールポゼッションで有利であったチームが勝ったのは、僅か15試合であった。さらに、２０１７年８月に行われた２０１８年ロシアワールドカップ予選、日本対オーストラリア戦では、日本のポゼッション率が33・５％に対してオーストラリアは66・５％であった。しかし、結果は２―０で日本の勝利であった。

極めつけは、２０１８年ＦＩＦＡワールドカップロシア大会本戦におけるドイツ代表の予選敗退である。ドイツはグループリーグを1勝2敗で終え、早々とロシアを後にした。３試合のボールの保持率は60％、72％、69％と高かったにもかかわらずである。このことからも、２０１０年大会から絶対的に主流だったポゼッションサッカーは、新しいスタイルへの変化を余儀なくされた。

新しいスタイルの一つが、「カウンターアタック」である。相手が多くの人数で攻撃を仕掛けてきた場合、その背後は手薄になっている。相手のボールを奪い、その部分に素早く攻撃を仕掛けるのがカウンターアタックである。カウンターアタックの定義は、この他にもさまざまあるが、共通の考え方として、守備から攻撃への切り替えの早さが成功の要因とされる。その中で求められるのは、個人の判断力である。つまり、ボールを奪ってから切り替えるのでは遅く、ボールを奪うことを予想し、チーム全員がそれを感知して状況判断を行い、カウンターアタックの準備に入ることが求められる。

これらのことから最近の主流スタイルは、ボールポゼッションから縦に速いカウンターアタックへと変化している可能性が高い。サッカーにさほど興味のない読者も、カウンターアタックの動きに注目して観戦すると楽しめるのではないだろうか。

いずれにしても、各チームの大量のデータをいかに分析するかが、チーム強化の鍵になる時代であることは間違いない。

第2章

アスリートを支えるサイエンステクノロジー

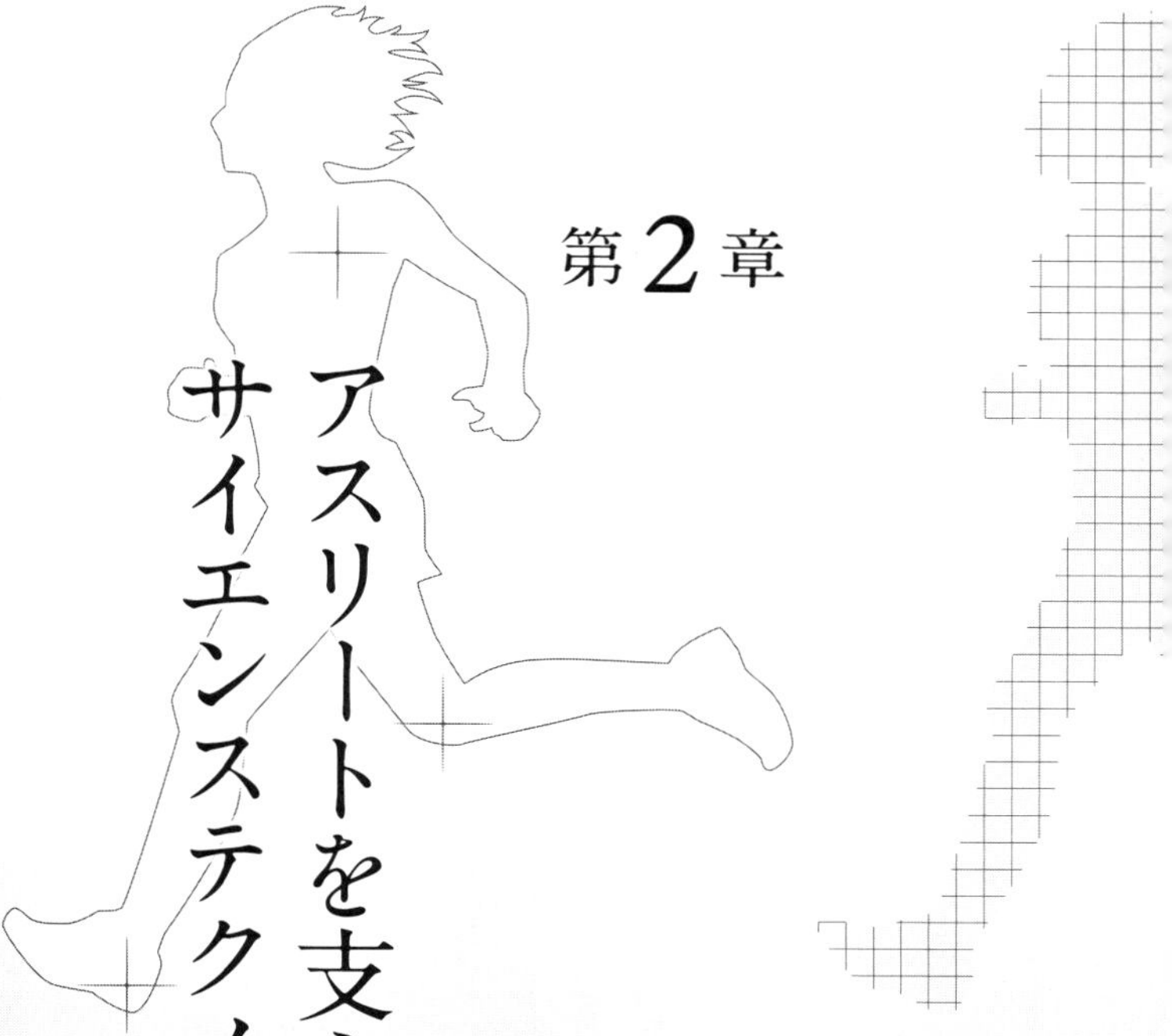

2-1 パラリンピック競技を楽しくするサイエンスの力

健常者スポーツでのサイエンステクノロジーの目覚ましい活躍は、読者もたびたび目にするであろうが、障がい者スポーツにおいても、テクノロジーの支えなしでは、ここまでさまざまな競技が発展することはなかったであろうし、競技者の意欲的な取り組みを引き出すことはなかったと想像できる。ここでは、その一端を紹介したいと思う。

なお、ここではわかりやすくするために、健常者の競技に対して、「パラスポーツ」「パラアスリート」といった言葉を用いる。

多様な車いす競技

１９６４年に開催された東京オリンピックは、戦後の日本復興の象徴として開催された。東京パラリンピックも同年に開催されたのだが、それが第２回大会であることを知っている人は少ないであろう。

パラリンピックは、１９４８年にイギリスのストーク・マンデビル病院内で開催された英国退役軍人のための大会が原点になっているといわれている。その後、１９６０年に第１回パラリン

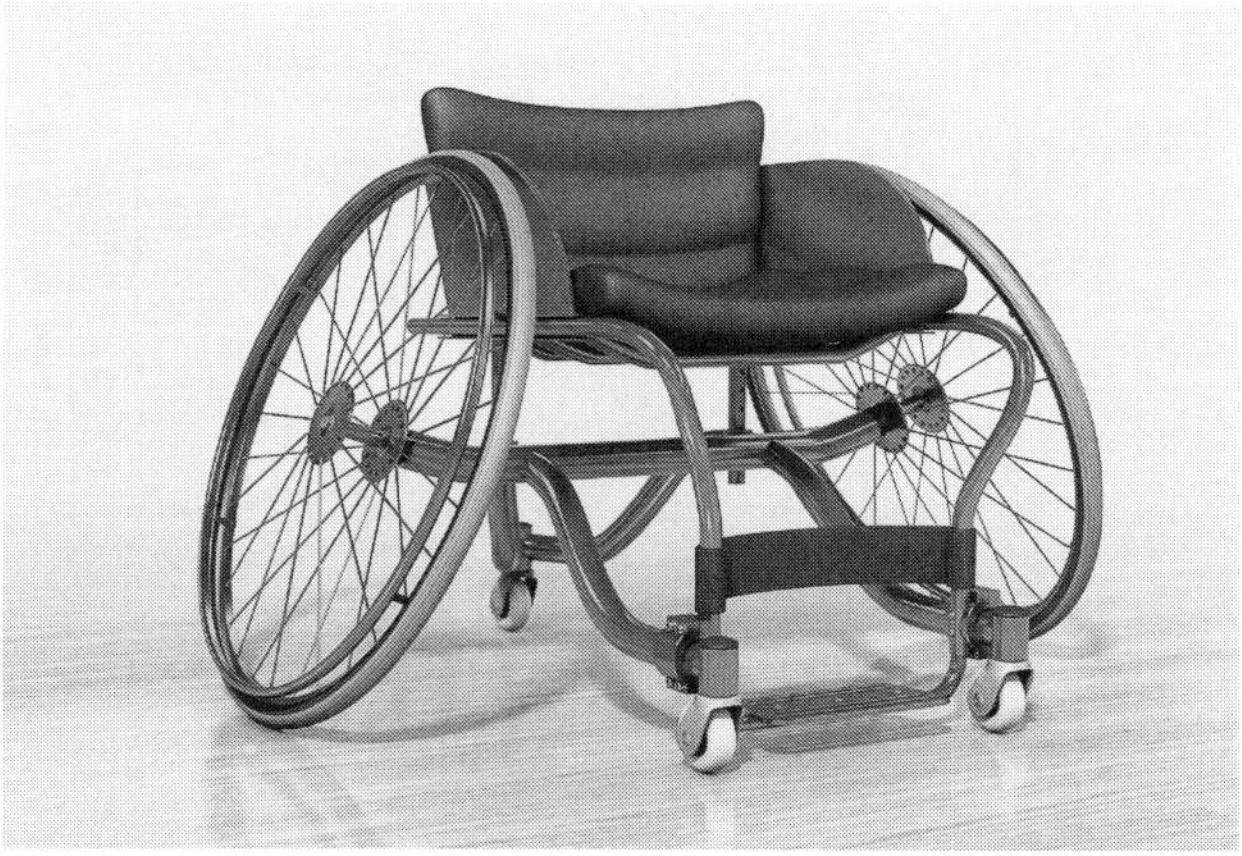

図2-1　タイヤが八の字になっているのが特徴の、競技用車いす

ピックがローマで開催された。続く１９６４年に、東京で第２回大会が開催されたのである。

近年、マテリアル（道具）の革新は、パラスポーツの世界でも競技ごとに進んでおり、その性能の差が競技の差へと繋がる時代となっている。特に車いすと義足の進歩は競技を大きく変えてきている。

東京２０２０パラリンピックでは22競技が実施され、このうち車いすを使用するのは11競技（アーチェリー、陸上競技、バドミントン、ボッチャ、射撃、卓球、トライアスロン、車いすバスケットボール、車いすフェンシング、車いすラグビー、車いすテニス）ある。この中で、車いすラグビー、車いすバスケットボール、そして車いすテニスに注目してみると、それぞれ使われる車いすに特徴があり、いずれも正面から見るとタイヤが

図2-2　陸上競技用の車いす

ハの字になっている（図2－1）。また、陸上競技ではトラック種目とロード種目で使われる車いすが独特の形態をしている（図2－2）。

①　車いすラグビー

車いすラグビーは、パラスポーツで唯一コンタクトが認められている車いす競技であり、競技中に衝突することも多く、車いすの見た目は装甲車のようで壊れにくい構造となっている。素材は、マグネシウムとシリコンを添加したタイプのアルミ合金で、強度・耐食性に優れたアルミニウム6000系で作られていることが多い。ただ、最近ではチタン製でより軽い車いすも多くなってきている。また、車いすは攻撃型と守備型の二つに分かれている。これらの重量は、車いす競技の中で一番重い作りとなっている（重いものは20kg）。

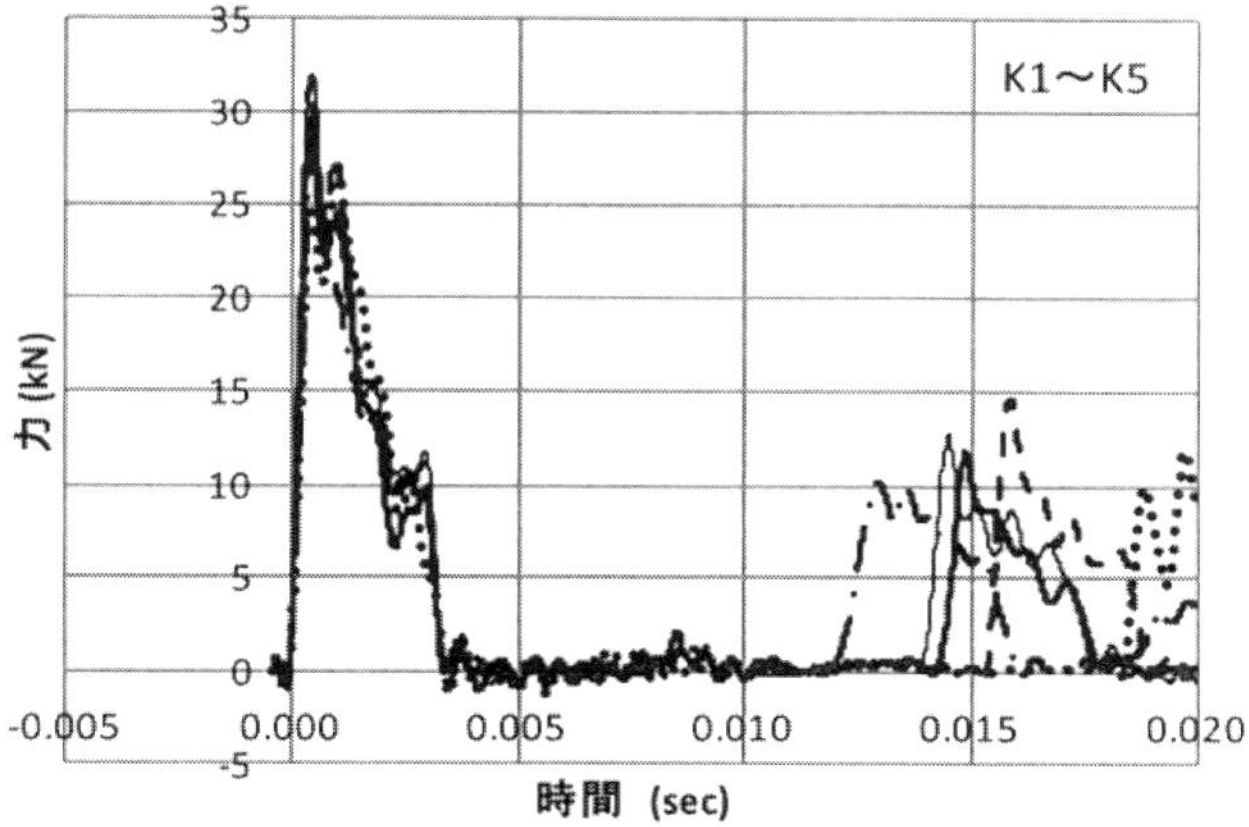

図2-3　車いすラグビーの車いすに加わる衝撃力
三山, et al., 2016

車いすラグビーの魅力はそのプレー中のぶつかり合いの迫力にあり、衝撃音と転倒にまで至る激しいプレーが人気の秘密でもある。もちろん安全面を考慮された状況下での競技である。車いすのスピードは１ｍ助走後で秒速３ｍ（時速10・８㎞）ほど出ていて、停止状態の車いすに、もう１台がスピードをつけてぶつかった時の衝撃は30kN程度であることが明らかになった（図２-３）。つまり、一瞬にして３トンほどの衝撃が加わることになる。これが、２台とも助走後に衝突した時は、約60kNの衝撃となる。車いすラグビーは、４ピリオド制（一ピリオド８分）であり、この間に強い衝撃で何度もぶつかり合いを繰り返す、激しいスポーツである。

② 車いすバスケットボール

一方、車いすバスケットボール用の車いすの特徴は、タイヤのハの字の角度が一般的に14〜20度となっていて、回転性に優れている点だ。車いすの素材は耐久性と軽量性を重視し、ラグビーと同様軽くて丈夫なアルミやチタンなどで作られている。

車いすバスケットボールでは、車いすを使った数々のテクニックがある。たとえば、車いすに乗ったままジャンプすることはできないが、それを補うため、車いすの片輪を上げて高さを出すティルティングという技術がある。さらに、車いすの幅を利用して相手をブロックする技術もある。健常者のバスケットボール競技とはまったく違う楽しみ方ができるスポーツである。

③ 車いすテニス

日本人選手の金メダルの期待も高い車いすテニス。使用される車いすの特徴は、操作性の良さであり小回りが利く点にある。車いすラグビー用、車いすバスケットボール用と同様にタイヤがハの字になっている。ただ、ラグビー用、バスケットボール用の車いすには、ぶつかり合うための防御用のバンパーが付いているが、テニス用にはない。また、テニスではサーブ時に身体を前後に大きく動かすため、前後に小さな車輪が付いていて倒れないようになっている（図2-1）。

車いすテニスの競技特性として一般のテニスと大きく違う点は、2バウンドまで返球が可能なことである。ただ、ゲーム分析の研究によれば、ラリー中に1バウンドで返球する割合は83・4%と高い。その理由としては、2バウンドより1バウンドの方が、打点が高く相手への返球時間も短いため攻撃的な返球となることが考えられる。

また、車いすテニスでは、横への動きができないという特徴もある。そのため俊敏な方向転換をして、ボールの後ろに回りこんで打つことが求められる。よって、車いすの操作（チェアワーク）が重要な技術となる。

この競技の日本における第一人者は男子が国枝慎吾選手、女子が上地結衣《かみじゆい》選手であり、それぞれ特別注文の車いすを使用している。国枝選手はチェアワークに優れているが、それをさらに際立たせるために、世界で初めて尻を包み込むようなバケットシートを車いすに採用した。これにより前後、左右へのさまざまな動作時に起こる微妙な臀部のズレが解消したといわれている。

他にも同様に特注の車いすを使っているアスリートは少なくない。中でも国枝選手のライバルであるフランスのステファン・ウデ選手の車いすは注目に値する。その特徴はカーボン製の車体で足をはめ込む形に作られており、座面は小さく（またはないタイプもある）、一説には数千万円もするといわれている。ウデ選手は男子シングル世界ランキング6位（2020年3月現在）、国枝選手は同ランキング1位とリードしているが、二人の対決が楽しみだ。それぞれのチェアワークにも注目したい。

④　陸上の車いす競技

陸上の車いす競技は、短距離、中距離、リレーなどのトラック、マラソンなどのロード、砲丸投などのフィールドの三つに分かれる。ここではトラックとロードで使われている特徴的な形態の車いすについて解説する。

陸上競技には、レーサーと呼ばれる3輪の車いすが使用され、材質はカーボンが主流となっており、その重量は7～8kgと非常に軽い（図2－2）。

ロード競技の車いすマラソンにおける男子のトップアスリートは、42・195kmを1時間20～30分で走破し、その時の平均速度は秒速約8・33mである。ちなみに健常者のマラソン競技における公認の世界記録は2時間1分39秒である（2020年3月現在）。

勝敗は熾烈《しれつ》であり、フルマラソンにもかかわらず2012年ロンドンおよび2016年リオデジャネイロの両パラリンピックにおいて優勝を分けたのは、わずか1秒の差であった。このことから、ラストスパートにおいてどれだけ力を発揮できるかが、勝敗を左右することになると思われる。ラストスパートに力を発揮するためには、レース中のエネルギー消費を抑えることが重要となる。いうまでもないが、エネルギー消費の抑制には、走者にかかる抵抗を減らす必要がある。その中でも空気抵抗は、大きな要因の一つである。

この後のコラムで、空気抵抗を測定する風洞実験をどのように活用しているかについて触れているので、参考にされたい。

また、空気抵抗を低減させる手法としては、自転車競技、マラソン等では他の選手やペースメーカーの背後について走行するドラフティングという技術がある。車いすマラソンにおいても同様にこの技術は有効であり、走行時のポジション取りが重要となる。

他の競技と同様に、マテリアルの差による影響が小さくないことにお気づきかと思う。当然、世界中でこのマテリアルの開発にしのぎを削ることにもなる。そのなかで一歩リードしているのは、自動車メーカーである本田技研工業と、ホンダ太陽（本田技研工業の特例子会社）、八千代工業（自動車機能部品メーカー）が共同で開発した「翔（KAKERU）」である。車体がフルカーボン製でアスリートに合わせた３Ｄ測定技術によるオーダーメイドの特注品となっている。

この他、日本にはオーエックスエンジニアリングという競技用車いすの世界的メーカーもある。１９９６年アトランタパラリンピック以降、各競技で１２２個のメダル獲得に貢献している老舗メーカーであり、やはりアスリート一人一人に合わせたフルオーダーメイド制である。海外においても、同様に特注の車いすは開発されている。２０１６年リオデジャネイロパラリンピックでは、アメリカチームがＢＭＷ社と共同で開発したカーボン製の新機種が注目されていた。

どの競技でもマテリアルの選択は、結果に影響を与える重要なポイントとなるが、車いす競技に関しては特に、より自分の身体に合ったマテリアルの選択が、勝利に近づくためにも重要なことであり、手間も費用もかかることになる。パラリンピックでは競技ごとはもちろん、それぞれの選手によって使用される車いすの個別の特徴にもぜひ注目してほしい。

コラム

車いすの空気抵抗について

車いすマラソンを支える重要なポイントとなる、空気抵抗を測定する風洞実験棟を使った研究を紹介したい。風洞実験とは、人工的な風を使って気流の状態やその影響を調べる実験である。国立スポーツ科学センター（Japan Institute of Sports Sciences：ＪＩＳＳ）は、ゲッチンゲン式風洞実験装置（高さ３ｍ×幅２・５ｍ）を有している。これを使用し、車いすマラソンにおける空気抵抗を測定した。

被験者は２名のパラリンピック日本代表を含む、男子車いす陸上選手３名であった。姿勢を

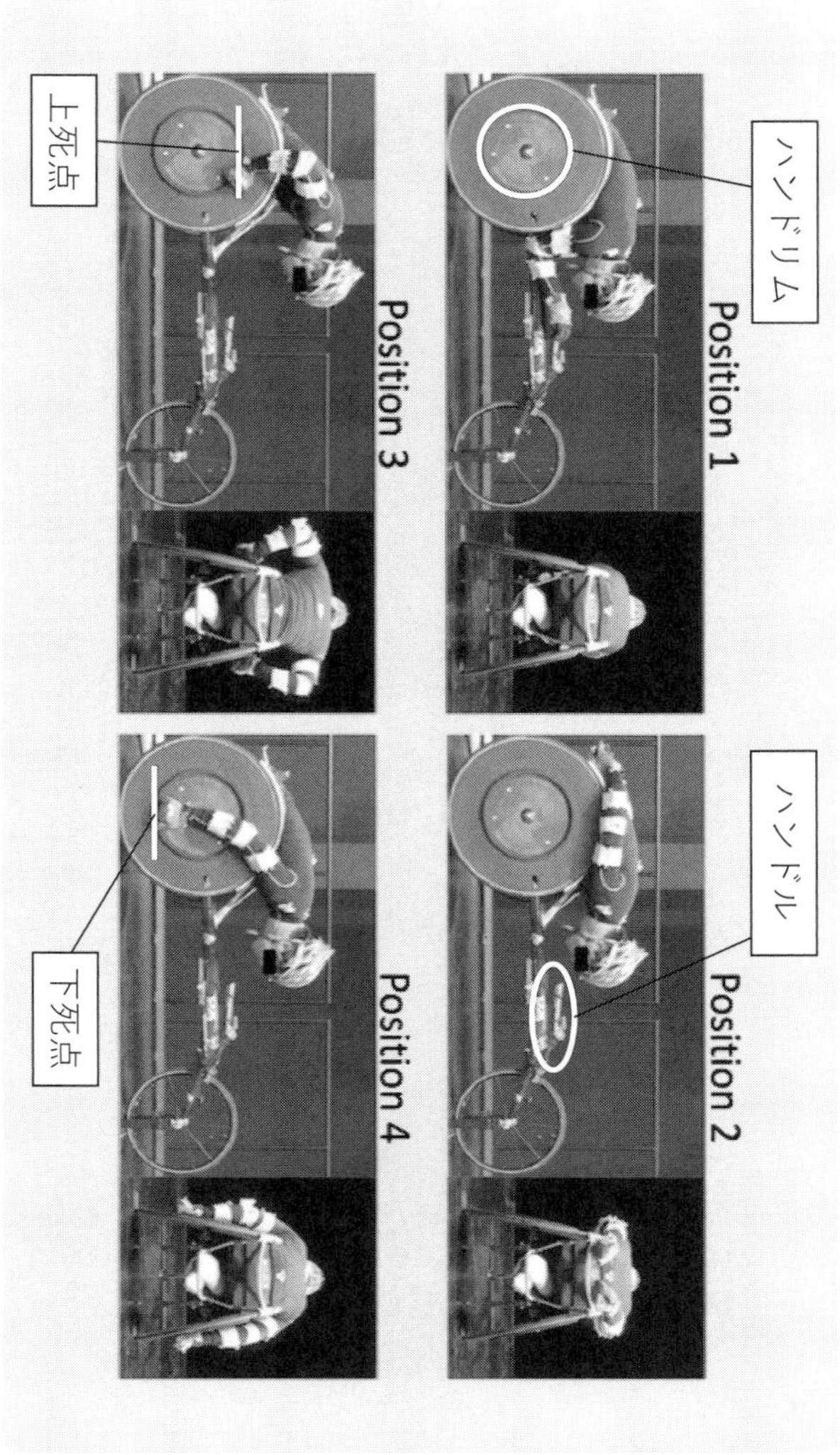

図2-4　車いすの風洞実験
車いすマラソンの走行姿勢と空気抵抗。各姿勢（Position）の左は側面から、右は背面からの写真。　明石 et al., 2019

$$S_D(m^2) = \frac{2F_D}{\rho U^2}$$

図2-5　空気抵抗から抗力面積を算出する式
S_Dは抗力面積［m^2］、F_Dは空気抵抗［N］、ρは空気密度［kg/m^3］、Uは気流速度［m/s］

図２－４に示す。ハンドルを握った姿勢１、体幹を前傾し腕を後方へ伸ばした姿勢２、駆動動作の代表的な姿勢であるハンドリムの上死点付近を握った姿勢３、ハンドリムの下死点付近を握った姿勢４の四つの静止姿勢の空気抵抗の比較と駆動動作の分析を行った。

やや専門的になるので、細かい説明は省略するが、風洞実験により得られた空気抵抗の値から、図２－５の式により抗力面積を算出する。抗力面積は、わかりやすくいうと空気抵抗の大きさを面積で表したものである。

結果は図２－６で示したように、抗力面積が一番小さい姿勢１の値を１００％とした場合、姿勢２は姿勢１と比べて、体高と体幹の前傾角はほぼ変わらず（98・３％、95・７％）、抗力面積はわずかに大きいのみであった（１０７・２％）。一方で姿勢４も姿勢１と比べて、体高と体幹の前傾角はほぼ変わらなかった（１００・８％、１００・１％）が、抗力面積は姿勢１より顕著に大きかった（１５０・６％）。姿勢３は全姿勢の中で体高および体幹の前傾角の両方で姿勢１との差が大きく（１１７・２％、１５７・３％）、抗力面積も姿勢１より顕著に大きかった（２０７・０％）。

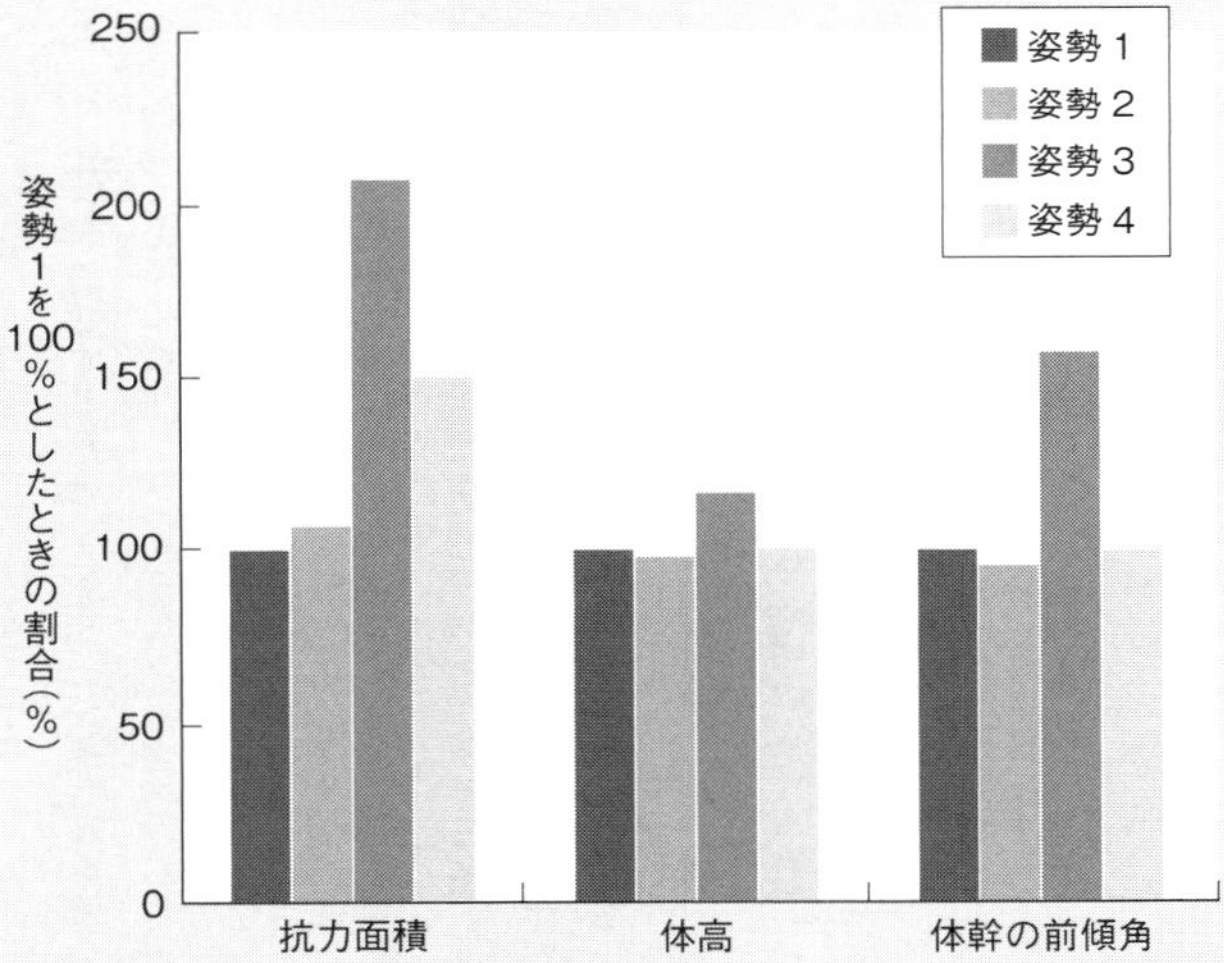

図2-6　姿勢と抵抗
明石 et al., 2019

抗力面積の最も大きい姿勢３は体高と体幹の前傾角でも最大であり、体幹の立った姿勢は空気抵抗を受けやすいことがわかる。ハンドリムに手が触れているときは、エネルギー伝達ができ速度を出せるものの、体幹の前傾角の増加により、空気抵抗も増加すると考えられる。また、駆動動作においても上死点を握る際にやや脇を締めることなどで抗力面積を減少できる可能性もある。

また姿勢４で、頭の高さや体幹の傾きに大きな差がなくとも抗力面積が大きかったのは、上肢の位置次第で抗力面積に差が生じるためである。したがって、ハンドリムを回す必要のない局面では体幹を前傾するだけでなく、ハンドルを持つなど上肢の受ける空気抵抗を減らす姿勢を取るべきであることがわかった。

この実験は下り坂の場合についても行っており、速度とエネルギーの関係について細かく研究している。

この実験からは、パラリンピックの優勝タイムの平均速度を維持して走行する場合、必要なパワーの6割以上が空気抵抗に抗するために費やされることなどもわかっている。このことからもレース中の空気抵抗を抑えたフォームが重要であることが理解できる。

義肢がスポーツに使われるまで

オットーボック・ヘルスケアという会社を知っているだろうか。元々は第一次世界大戦で負傷した兵士に義足を提供するためにベルリンで創設された会社である。私がこの会社を知ったのは、2016年リオデジャネイロパラリンピックの時であった。選手村の中にブースを設け、多くのスタッフがパラアスリートたちのマテリアルの部品交換や相談に応じていた。オットーボック社は、1988年にソウルで開催されたパラリンピックより大会の支援を開始した。100年の歴史を誇るこの会社は、今もアスリートだけでなく多くの障がい者のために技術革新を続けている。

世界的なメーカーとしては、ベトナム戦争の傷病兵のために設立されたアイスランドのオズール社も有名である。これら2社の義肢（義手と義足）は機能性に加えてデザイン性にも優れており、ユーザーは多い。この他にも多くの欧米企業が義肢の開発を行っているが、共通しているのは第一次世界大戦や第二次世界大戦等の戦争による傷病兵のために開発が進んできた点である。

義肢について詳しく知る人は少ないであろうが、東京2020オリンピック・パラリンピックの開催は、このことについて関心を向ける機会を与えてくれる。

最古の義肢にまつわる記載は古く、紀元前1800〜前500年頃成立した、インドのバラモン教の経典である「リグ・ヴェーダ」をはじめとする四ヴェーダといわれる書のなかに医学にまつわる記述が多数あり、そのなかに義眼や義歯から義肢までの内容があったといわれている。義肢の歴史は古いが、それから3000年以上もスポーツにおける義肢の使用に関する記録はなく、数十年前よりやっとスポーツ用義肢の記録が見られるようになるのである。

義足のほうが速く走れるのか

時は2012年、ロンドンオリンピックの陸上競技男子400メートルに、一人の義足ランナ

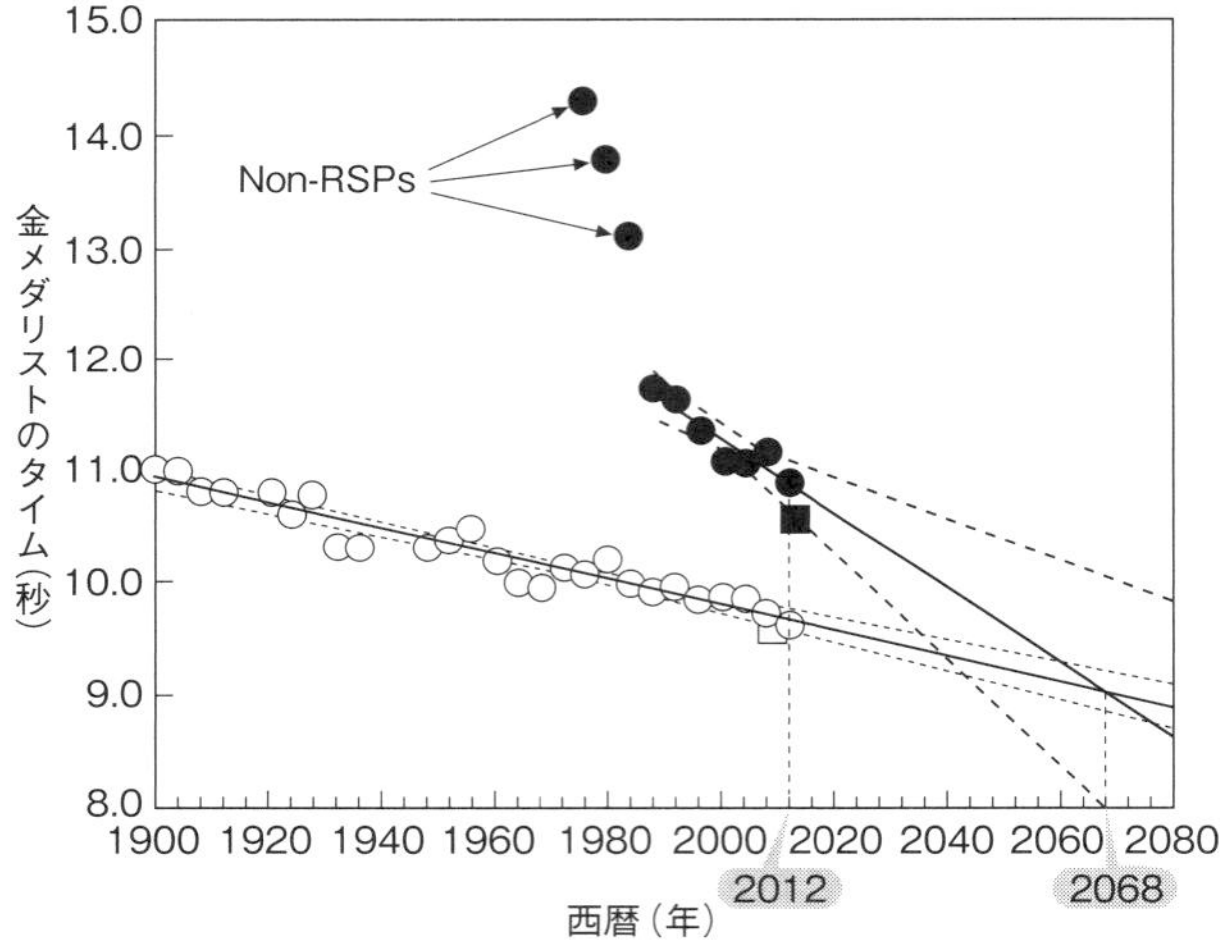

図2-7　男子100メートル走におけるオリンピックアスリートとパラリンピックアスリートの記録の比較
●：パラリンピックの義足アスリート　○：オリンピックアスリート
Non-RSPs：カーボン製義足をつけていないアスリート
Hobara et al., 2015

ーが出場した。「ブレードランナー」の愛称で知られたオスカー・ピストリウス選手（南アフリカ）である。彼は世界で初めて義足で、パラリンピックだけではなくオリンピックにも出場した。オリンピックへの出場を熱望していたピストリウス選手は、スポーツ仲裁裁判所（CAS）の裁定を経てロンドン大会に出場し望みを叶えたが、一方でカーボン製の義足が推進力に与える影響が物議を醸した。

　産業技術総合研究所の保原浩明《ほばらひろあき》氏らは、2068年には陸上男子100メートルで義足のアスリートが健常者のアスリートを抑えて世界記録を出すと、独自の分析から予想している（図2-7）。彼らの分析によれば、1976年にはオリンピックとパラリンピックの陸上男子100メートルの記録は、4秒以上の差があった。その後、1988年までの間に1・5秒短縮されたが、この背景としてはカーボンファイバー製の義足の出現が示唆されている。さらに、2012年の時点で1・27秒差になり、2014年にはその差が1秒未満（0・99秒）となっている。このペースが続けば、約50年後にはパラアスリートがオリンピックアスリートを抜いて人類最速を達成する日が来ることになる。

なぜパラリンピアンが8m跳べるのか

他の種目に目を向けてみると、偉業を達成するかもしれないパラアスリートが存在する。陸上走幅跳のマルクス・レーム選手（ドイツ）は、オリンピックの記録を超える可能性を持つアスリートの一人である。彼はパラ陸上の世界記録保持者（8・48m：2018年のヨーロッパ選手権）であり、2012年ロンドン、2016年リオデジャネイロの両パラリンピック金メダリストでもある。

一方、健常者の陸上競技における走幅跳の世界記録は、アメリカのマイク・パウエル選手の8・95m（1991年）であり、29年間破られていない（2020年3月現在）。また、オリンピック記録は、1968年のメキシコ大会でボブ・ビーモン選手（アメリカ）が出した8・90mである。その後、この記録を超える跳躍はオリンピックでは出ていない（2020年3月現在）。この種目で4連覇を達成したカール・ルイス選手も、オリンピックでの自己ベストは1988年ソウル大会の8・72mである。2016年リオデジャネイロ大会の優勝者の記録は8・38mであり、レーム選手がパラリンピックで跳んだ8・21mとの差は僅かに17㎝であった。

2014年のドイツ陸上選手権で、レーム選手は初めて健常者の選手を抑えて優勝したが、義足が有利に働いているというクレームが出て、ヨーロッパ選手権に派遣されなかった。国際陸上競技連盟（当時）は、五輪出場に際し、義足が有利でないことを科学的に証明せよという条件を出した。その後、ケルン体育大学などが調査したが「義足のほうが助走時は不利で踏み切り時は有利だが、全体的に有利か不利かはわからない」という結果を公表し、レーム選手はいまだにオリンピック等健常者のメジャーな大会には参加できていない。ただ、一般的に走幅跳においては、科学的な観点から踏み切り速度と跳躍記録には正の相関関係がある。踏み切り時は義足のほうが有利とはいえ、助走ではスピードが出にくいので、記録を出すのは難しい。さらに、義足をつけてのランニングは、相当の技術を要する。つまり、カーボンファイバーだけが記録を生み出しているわけではないのである。

参加資格については科学的には結論づけられなかったわけだが、直近のオリンピック陸上男子走幅跳金メダリストの記録は、２００８年の北京大会が８・34ｍ、２０１２年のロンドン大会が８・31ｍ、２０１６年のリオデジャネイロ大会が８・38ｍであり、レーム選手が持つパラ陸上の世界記録（８・48ｍ）が上回っているのである。

レーム選手がオリンピックに出場するためには、前述のピストリウス選手の例からもいえるように、科学的検証に基づき公平性を立証することが重要となる。そのためにはさまざまな角度から検討することが必要で、実現に向けて多くのアスリート、コーチ、科学者、さらに組織側からのアプローチが関わってくるであろう。

2-2 選手を強くする、そして観戦の楽しさを広げるテクノロジー

科学が観戦を劇的に楽しくしている

近年、ハイパフォーマンススポーツの戦いでは、サイエンステクノロジーの導入が相次いでいる。その理由は、大きく分けて二つある。

一つ目は、高速化と高度化が進んだ戦いの中で、よりわずかな差を生み出し、相手に勝利するためである。具体的には、ゲーム分析、動作分析、トレーニングのシミュレーション等がある。

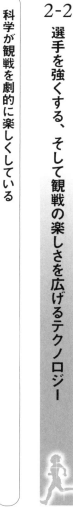

二つ目は、エンターテイメント性の追求である。つまり、見る側への配慮からサイエンステクノロジーを導入し、普通は見られないシーンを再生して提供することで魅力を追求している。また、その二つに加えて、正しい判定をするためにテクノロジーが活用されており、選手のストレスを減らす意味でも、見る側がゲームを楽しむという観点でも、役立っている。

日進月歩でサイエンステクノロジーの開発と活用が進んでいることは読者も感じていると思うが、その中でもセンサーの分野は凄まじい勢いで開発競争が繰り広げられている。センサーとは、音・光・温度・圧力・流量などの情報を収集し、機械が取り扱うことのできる信号に置き換える装置のことである。その種類も多く、他にも湿度、距離、地磁気、GPS、加速度、ジャイロ（物体の回転を検出）等、さまざまなセンサーが存在する。

一昔前まで、単体では一つの電子部品にすぎなかったセンサーを活かす技術が、近年次々に生まれている。その一つが、すっかり生活に浸透しているIoTである。この技術の進歩により、インターネットを経由してモノが通信という方法を使って繋がるようになった。現在、多くのモノにセンサーが搭載されているため、IoTを介してモノのデータが収集できる時代となっている。収集されたデータはクラウド上で管理され、データベースとして共有できる。

さらに、サイエンステクノロジーの開発は、5G、AIへと進んでいる。5Gの特徴は、高速大容量（4Gの20倍）、低遅延（4Gの10分の1）、多接続（4Gの10倍）である。これにより既存のフルハイビジョンＴＶの４倍の画素数を持つ４Ｋの高画質映像も遅延することなく伝達することができる。カメラの性能が良くなっても、伝える経路が遅ければ機能は活かされないことになる。５Ｇの導入によって、ＩｏＴの速度を上げるとともに、収集するデータ量を莫大に増やし処理できるようになる。

一方、世界中でディープラーニング（深層学習）の発展によってＡＩ（人工知能）が、第三次ブームから本格的な活用の時代へと入ってきている。単体ではなく、ＩｏＴで多くのモノが繋がるようになり、５Ｇでその処理速度が上がる。それを人間の機能でいうところの脳であるＡＩが、正確にスピーディーに処理して指示を出すことができる時代が来ている。

現在、スポーツの世界で導入されている新しいシステムは、前述のセンサー技術とＩｏＴを使ったものが多い。今後、スポーツの世界にも他の分野と同様に５Ｇ、ＡＩが加わり、より進化していくであろう。

サッカーやラグビーの判定に大活躍のハイスピードカメラ

国際サッカー連盟（ＦＩＦＡ）はゲームの質の向上という観点から、２０１４年ワールドカップ時にボールがゴールに入ったことを正確に判定するゴールラインテクノロジー（ＧＬＴ）を取り入れた。サッカーではボールがゴールラインを越えると得点となる（図２‐８）わけだが、こ

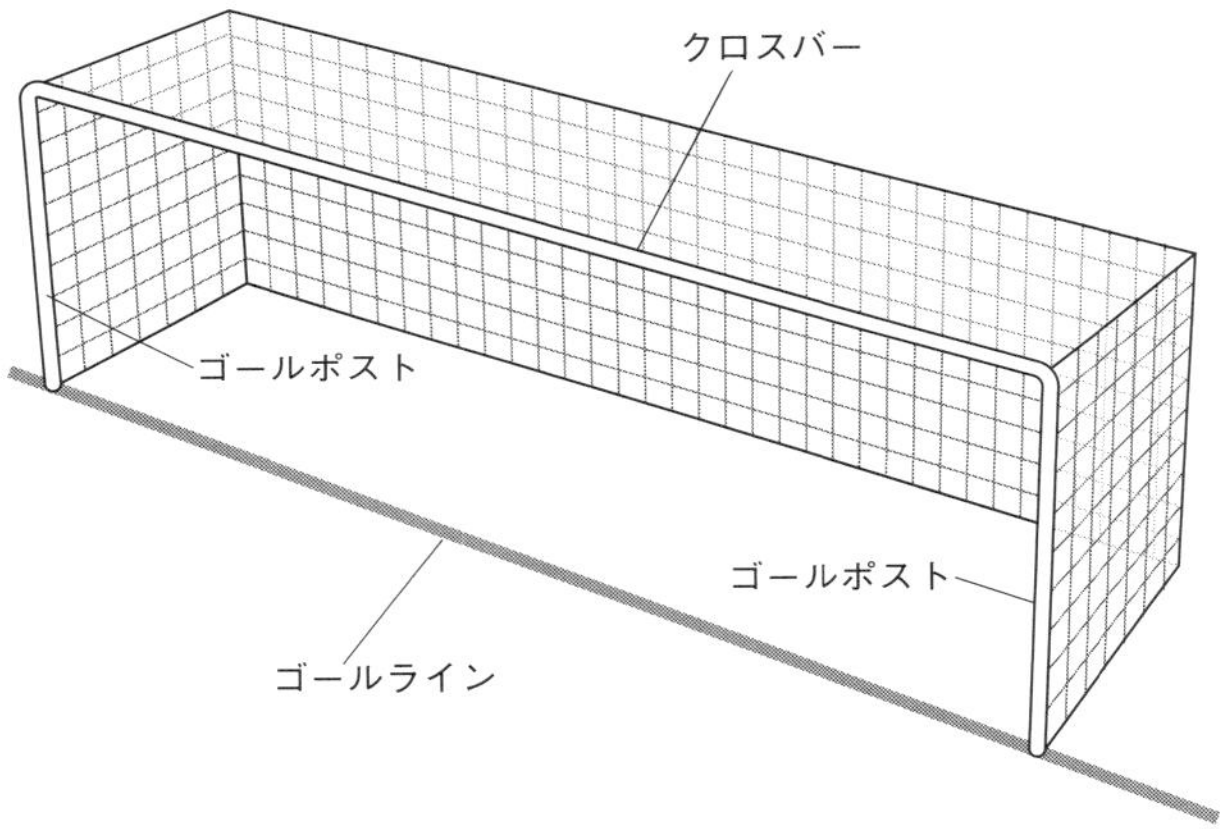

図2-8　サッカーゴール

のラインを越えたかどうか曖昧な場面が多々ある。その時にGLTを使って判断をするものである。

その仕組みは、観客席の上部に設置された14台（一つのゴール用に7台）の高感度のハイスピードカメラによるものと、ボールの中に埋め込まれたマイクロチップとゴールの枠内に発生させた磁場を検出する磁場センサーでの判定がある。

ハイスピードカメラを使うものは、さまざまな角度から映像によりゴールマウス（ゴールポスト、クロスバー、ゴールラインで囲まれた架空の二次元の壁）をボールが完全に越えたかどうかを確認し、知らせるシステムである。通常のビデオカメラは1秒間に30枚の撮影にとどまっているが、ハイスピードカメラは1秒間に数百～数万枚の高速撮影ができる。その結果、とてつもなく鮮明なスローモーション映像を再生することができる。ハイスピードカメラを用いる判定には、ホークアイシステムが導入されていて（次項参照）、サッカーの場合、ゴールが決まるとシステムが起動して１秒以内に主審に伝達され、腕時計型の受信機に「ＧＯＡＬ」の文字が出るようになっている。

一方、磁場センサーを使って判定するシステムは、ゴールマウスに磁場の壁を作り、そこをボールが越えるとボール内のマイクロチップが反応して知らせる仕組みとなっている。

さらに、２０１８年ワールドカップからピッチ上にいる審判（主審１名、副審２名）をサポートする最新の技術を使ったビデオ・アシスタント・レフェリー（ＶＡＲ）を導入した。このシステムでは、主審が判定について難しいと判断した時に、対象となるプレーシーンを映像で確認する仕組みとなっている。ＶＡＲの使用は、ゴール判定、ペナルティーキック（ＰＫ）判定、レッドカード（一発で退場を伴う判定）、人違い（審判が人を間違えて判定した場合）の四つに限定されている。また、最終的に主審がビデオ判定を行うか判断をする。選手やコーチから要求をすることはできない。

同様のシーンが、２０１９年ラグビーワールドカップ日本大会において多く見られた。主審がスタンドに向かって、指で長方形を描くシーンが何度かテレビで放映され、その後、ＶＴＲで問題のシーンがスタジアムのモニターに映し出され、主審がインカムで会話するという光景を覚えている人も多いだろう。これはテレビジョンマッチオフィシャル（TMO）と呼ばれ、2003年オーストラリア大会から、サッカーに先がけていち早く導入されている。ラグビーが注目に値する点は、審判がインカムで問題のシーンを確認する会話が放送されている点である。これにより、「審判が何を見ようとしているのか」「何が問題であったのか」が視聴者に理解しやすくなっている。これも一つのエンターテイメント性といえるであろう。

テニスの「チャレンジ」は軍事技術から

テニスの試合では、インアウトの判定を不服として試合中に選手が映像判定を申請できるルールがある。これは2005年10月に国際テニス連盟が導入を決定したもので、チャレンジシステムといわれている。きわどいプレーの時に選手が審判の判定に対して、「チャレンジ」と異議を唱えることができる。観客は手拍子をしてコート上の大画面を観ている。そして約5秒で判定されることになる。このような光景を、テニスの四大大会等で目にしている読者も多いことだろう。選手は1セットで3回までチャレンジシステムを使うことができる。

この判定に使用されているのが、前述のサッカーにおけるゴール判定でも紹介した、コンピューター映像処理システムのホークアイである。コートの周囲に10台のハイスピードカメラ（8台のカメラでボール、2台のカメラで選手を追跡）を設置し、映像分析によってボールの位置や軌

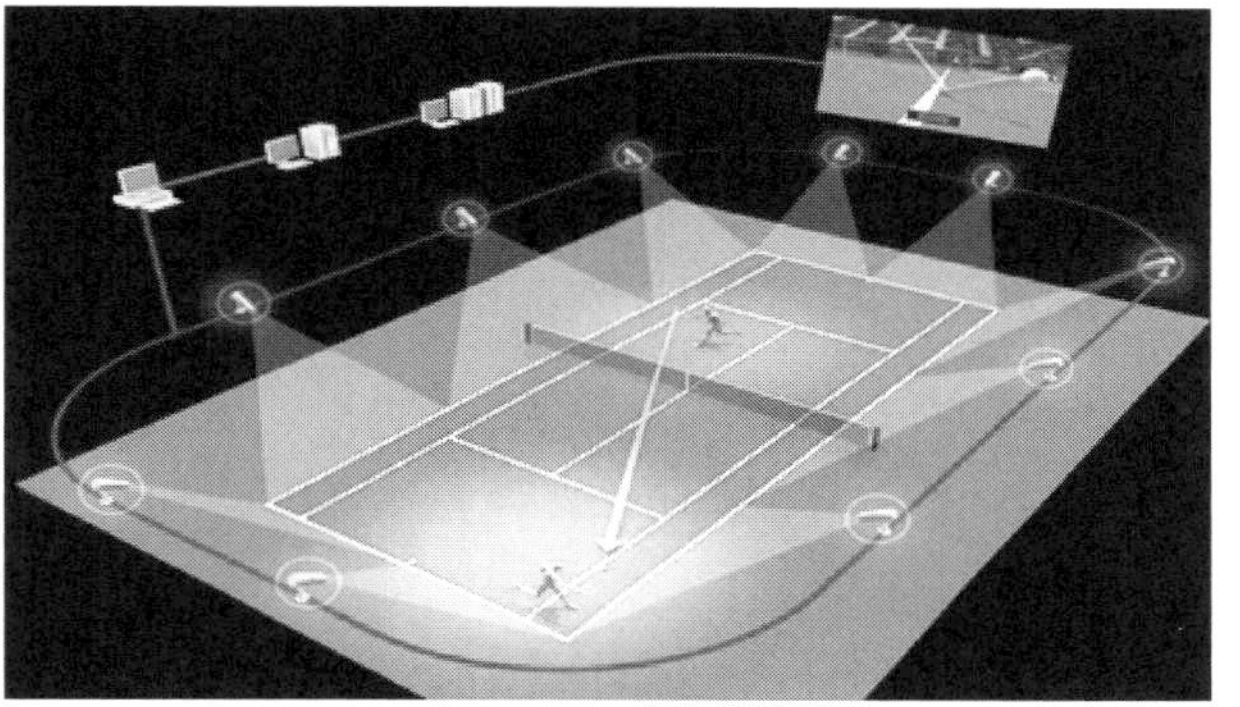

図2-9　テニスのホークアイシステム
Sayers, 2011

道をリアルタイムで追いかけている（図２－９）。インかアウトかのきわどい判定時にはこのシステムが使われ、３Ｄイメージの映像に変換され会場内の大型スクリーンで見られる仕組みとなっている。これらのシステムは通常３～４名のオペレーションスタッフが、コントロールルームでカメラのセッティング等を微調整している。

もともとホークアイは、ミサイルの追撃技術をベースに開発されたものである。軍事産業技術のスポーツ分野への応用は目覚ましく、イスラエル製の「プレイサイト」も軍事技術を転用したものである。プレイサイトは、テニスコートの周囲に6台のカメラを設置し選手のプレーを専用端末にデータとして蓄積していくシステムであり、各ショットのデータおよび選手の走行距離や消費カロリー等まで記録していく。

また、次項で述べるデンマーク製の「トラックマン」は、迎撃ミサイルであるパトリオットの開発技術を応用したもので、高性能弾道測定器と呼ばれ、ゴルフや野球で使われている。

ゴルフ上達ツールにも、大リーグにも迎撃ミサイルの技術！

トラックマンの特徴は、持ち運びやすさ（重量2・8kg／最新版のトラックマン4の場合）とセッティングの利便性である。ホークアイやプレイサイトよりもはるかに簡易に使用ができ、しかも性能は見劣りしない点が魅力とされている。

トラックマンはゴルフ上達のために、ボールの弾道を解析する機器として開発された。特徴としては、クラブのヘッドスピードやスイングの軌道だけでなく、ボールが当たる瞬間のクラブヘッドの向きやボールを捉えるクラブの角度、ボールの飛び出し角度等、26項目ものスイング数値が一瞬で測定できる。さらに、パソコン、iPhone、iPad等で各種のデータや映像を簡易に見ることができる。

アメリカの大リーグ機構（MLB）では、全30球団のスタジアムに「スタットキャスト」というデータ解析ツールが導入されている。スタットキャストは、前述したトラックマンの弾道測定のシステムと、「トラキャブ」というシステムの技術を用いたものである。トラキャブとは、複数の高性能カメラと画像分析ソフトを使って、選手や審判やボールの動きを解析するトラッキングシステムである。リアルタイムでデータに落とし込むことができるので、ライブ放送中にデータを活用してボールの速度、回転数、変化量等を可視化し、視聴者に提供することも可能になる。

これらのシステムが導入されたことにより、誤審が少なくなり、ゲームの高度化が推進された。さらに、スタットキャストでの再生映像は、コンピューターグラフィックを使い観客を飽きさせないエンターテイメント性も加味されている。

エンターテイメント性の追求という点において国際オリンピック委員会（ＩＯＣ）は、最高位のＴＯＰ（The Olympic Partner）スポンサーの一つであるインテルと組み、２０１８年平昌大会において、５Ｇ、バーチャル・リアリティー（ＶＲ）、そしてドローンを駆使した新たな映像コンテンツを各国の放送企業に提供した。東京２０２０も、どんなサイエンステクノロジーの導入がなされるのか、毎回楽しみになることであろう。

もはやＧＰＳなしでは語れないスポーツ

さまざまなスポーツで、ＧＰＳが活用されていることは述べてきたが、ここでも活用例を少し紹介したいと思う。あらゆるスポーツで、ＧＰＳを使って選手の移動距離や加速度を計測し運動強度を測っており、活用は今後ますます広がっていくと予想される。現在では、特にラグビーやサッカーのほか、フィールドホッケー、アメリカンフットボール等のチーム球技系のスポーツにおいて国内外で広く活用されている。

ＧＰＳの利点は、可視化（見える化）への汎用性である。心拍数、走行距離・速度、衝突回数、跳躍回数等のデータ収集、さらに、これらのデータからタックルの成功率、ボールキャリーの回数、パス成功率、その他、多くの競技に即した必要なフィードバックを分析スタッフがグラフや表にまとめて可視化し、練習後に提示することができる。

２０１９年ラグビーワールドカップ優勝の南アフリカチーム、準優勝のイングランドチーム等が使っているＧＰＳ分析システムのスタートアップ企業であるSTATSportsが、ＧＰＳに基づく興味深いデータを出した。２０１９年大会で最も足が速かった選手は、イングランドのジョニー・メイ選手で最高時速37・71㎞を記録した。ラグビーと比較されることの多いサッカーでは、レアル・マドリード（スペイン）のギャレス・ベイル選手（ウェールズ出身）が最高時速36・9㎞を出した記録がある。観戦だけではわからないスピードもＧＰＳを使って可視化することで、ラグビーのメイ選手の速さが実感できる。

さらに、ＧＰＳの活用はトレーニング時にも有効である。走行距離×走行速度によりトレーニング強度（ボリューム）が確認できる。これを個別に分析することで、怪我を未然に防ぐことも可能となる。分析スタッフのデータを基にコーチやトレーナーは各選手の状況を把握し、これま

での データと照合させ、トレーニング量を落とす等の配慮を加えている。当然、各選手の声を聞き、主観的なデータも加味した上で判断はなされることになる。

センサー技術を用いたＧＰＳ、ＩｏＴ、ＶＲ、そして５Ｇ、ビッグデータやＡＩ等のサイエンステクノロジーは、スポーツ以外でも広く活用されており、開発は止まるところを知らない。今後もますます革新的な技術が生み出されていくであろう。それらは間違いなくハイパフォーマンススポーツでも活用され、多くのアスリートを支えていくことになるであろう。オリンピックをはじめ、あらゆる競技の背後に潜むサイエンステクノロジーから、今後も目を離せないところである。

コラム　スマートフォンがパーソナルトレーナーに!?

現在、多くの人がスマートフォンを持っている。スマートフォンは電話、メール、SNS、ネット検索等さまざまな用途に使われている。ただ、まだまだ使いこなされていないと感じるのが、健康に活用可能なアプリである。機種によっては、購入時からすでにインストールされているものもあるし、もちろん使いやすいアプリを後から入れることもできる。現在、無料で有益なアプリも数多く存在する。

健康の維持のためには普遍の科学的セオリー（次章参照）である「運動」「栄養」「休養」の三つをバランスよく組み合わせることが必要である。運動は決してスポーツだけではない。歩くことも、階段を上ることも運動であり、広く捉えれば活動そのものが運動である。しかし、一般的に私たちは、一日にどれくらい活動しているのか客観的な指標を持っていない。

そこでスマートフォンに入っているアプリを活用すれば、一日の活動量を「見える化」することができる。スマートフォンには、加速度センサー、近接センサー、輝度センサー等、さまざまなセンサーが入っている。

その中で、加速度センサーは重力を含め、三次元の加速度を計測することができる。スマートフォンに内蔵された加速度センサーを活用すれば、アプリを介して一日の活動量が推定できる。また、栄養に関するアプリで食事記録をつけることができる。休養で最も重要な睡眠に関するアプリもある。寝る前にスマートフォンを枕元に置くだけで睡眠の状態が計測できるのである。さらに、眠りの質に大きく関係している「いびき」を、いつ、どれくらい、どれだけの大きさでかいているかまで計測可能である。

それぞれのアプリの示すデータがどこまで正確かは、明確でない部分もあるが、スポーツの例でわかるように、テクノロジーがかなり進化していることは確かであり、どんどん進化は続いていくと思われる。精度の高いアプリを見つけてスマートフォンを使いこなせれば、健康の維持に必要な「運動」「栄養」「休養」について、可視化することができる。これからスマートフォンは、スポーツ選手でなくても、自分のパーソナルトレーナーのような存在になっていくのではないだろうか。

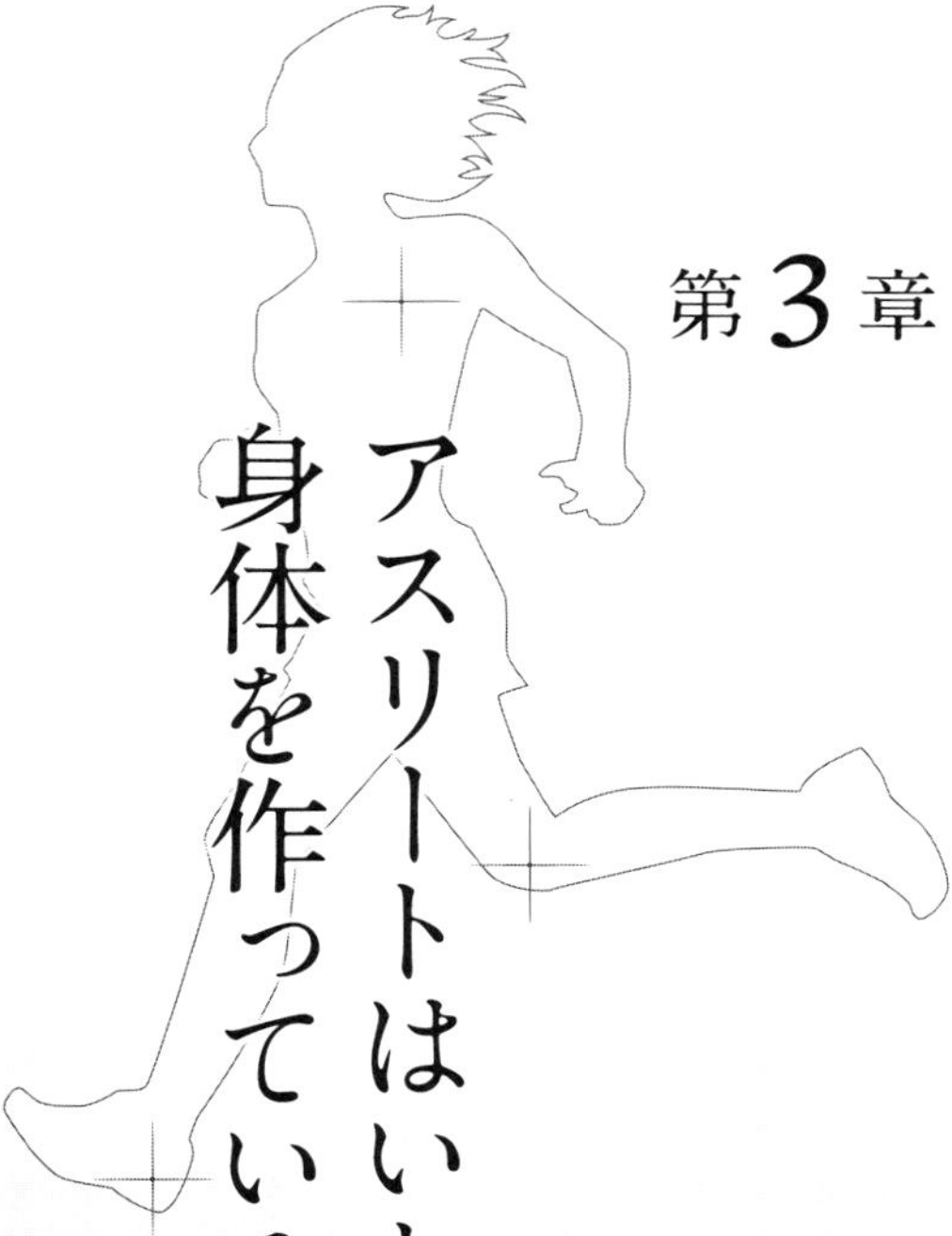

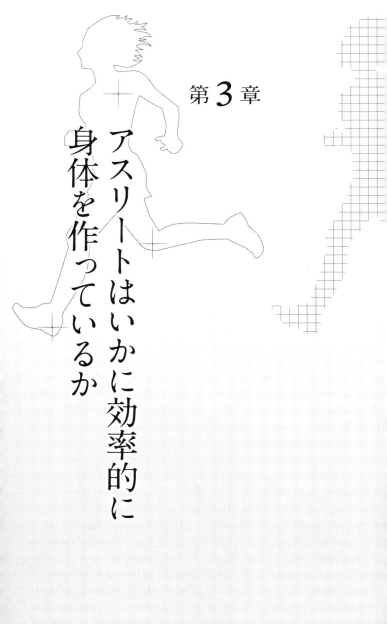

第3章

アスリートはいかに効率的に身体を作っているか

3-1 運動・栄養・休養——アスリートには普遍の科学的セオリーがある

オリンピックやワールドカップに出場しているアスリートの身体が、一般人と大きく違うことはテレビの画面越しでもよく理解できる。それではアスリートの身体は、どのようにして作られているのであろうか。そこには、スポーツにおける身体作りの「普遍の科学的セオリー」というものが関係している。普遍の科学的セオリーとは、運動、栄養、休養の適切なリズムとタイミングがパフォーマンスの向上に必要であるということであり、そのバランスを研究することが、アスリートのパフォーマンスを高めることに繋がる。スポーツというと、栄養に気を配りつつもトレーニングばかりに目が行きがちだが、睡眠などの休養こそ身体を作っているといっても過言ではない。

アスリートにとっての栄養と休養

アスリートの身体作りについては、これまでも多くの研究が紹介されている。中でも１９８０年代に紹介された、筑波大学の鈴木正成《まさしげ》教授（当時／故人）による「運動・栄養・休養におけるリズムとタイミング」は、科学的原則を押さえた理論といえる（図３－１）。現在、ハイパフォ

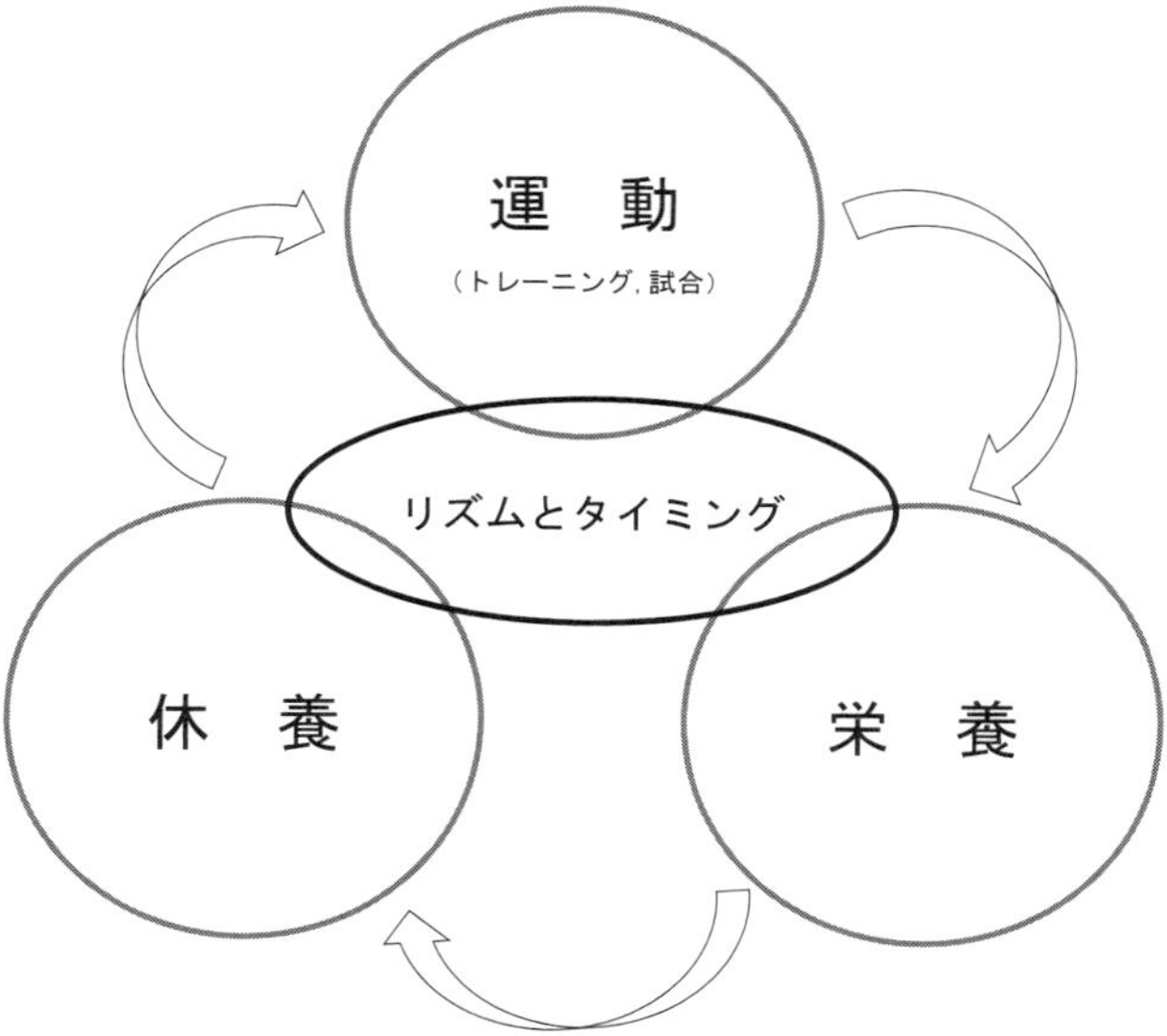

パフォーマンスの向上には、運動、栄養、休養のリズムとタイミングを考えてセットすることが必要である。

●運動直後の栄養補給 → グリコーゲン貯蔵促進
●午睡（昼寝）→ タンパク質合成促進

↓

栄養と休養の工夫が効率的な身体作りに繋がる
＝ 速やかなリカバリーに繋がる

図3-1　運動・栄養・休養におけるリズムとタイミング

ーマンススポーツにおいて、身体作りやリカバリーという領域の中で最も注目されている研究が、睡眠と栄養である。

特に睡眠における研究は、現在のトピックスであり、その質と量に関する論文が多数出されている。さらに、睡眠の質を向上させる点に着目した製品についても、多くの企業が開発を進めている。

一方、栄養面でも研究が進んでいるが、ここで基本的なことを解説したい。一般的にトレーニングや試合において、アスリートの主要エネルギー源は炭水化物と脂肪である。脂肪は、アスリートには不要なイメージがあるかもしれないが、競技によって必要な量があり、体脂肪として貯蔵されている。一方、炭水化物は筋肉や肝臓にグリコーゲンとして貯蔵されているが、貯蔵できる量が少なく、トレーニングや試合後にはかなり減少する。このため運動後に、食事で炭水化物を摂ることが推奨されている。というのも、身体内に効率良くグリコーゲンを貯蔵するために、運動後の速やかな補給が有効であることが多くの研究によって明らかになっているからだ。

また、アスリートの栄養として重要な、筋肉を作る栄養素がタンパク質である。効率的に筋肉をつけるためには、ウエイトトレーニングが有効であることは一般的な知識として多くの人が知っている。ウエイトトレーニングとは、ダンベルやマシンなどを使って負荷をかけて筋肉を鍛えるトレーニングのことである。実はウエイトトレーニングによって、筋肉作りに必要なタンパク質合成を促進させる成長ホルモンの分泌が高まる。

さらに、睡眠（昼寝を含む）時にも成長ホルモンの分泌が高まる。そこで、筋力トレーニング後または睡眠前のタイミングでタンパク質と炭水化物を一緒に摂ることで、より効率的に筋タンパク質合成が促進されることになる。

このことから、速やかなエネルギー源の貯蔵や筋タンパク質合成の促進のために、運動、栄養、休養のリズムとタイミングが大切であることがわかる。それは昔からトップアスリートが行っている「普遍の科学的セオリー」であり、さらに最新の研究でわかってきたことを取り入れて、今なお進化し続けている。

強いアスリートライフをデザインする

鈴木教授はこの睡眠と栄養について、休養の観点からいち早く言及している。特にアスリートの身体作りに必要なタンパク質合成の観点から、昼寝の推奨を行っていた。たとえば、日本においては相撲を事例に、力士の身体作りに昼寝が大きく関与している点について述べている。前述の、睡眠による成長ホルモンの分泌がタンパク質合成を高めることと深く関係している。

鈴木教授は力士以外でもアスリートの身体作りに関して、一貫した考え方と物事の見方をしていた。それはトレーニング、栄養補給、休息を個別に捉えるのではなく、アスリートの生活を包括的に見た上で、科学的根拠に基づき、目的に沿って提言を行っていくというものであった。

また今日、社会の中で「デザイン」という言葉を多く見受ける。グラフィックデザイン、デザイン思考、システムデザイン、デザインマネジメント等である。デザインとは、下絵、素描、図案、意匠、計画等の意味を持つ言葉である。元々はラテン語の「デシグナレ（designare）」に由来するといわれている。しかし、今ではもう少し広い概念で使われている。そのデザインという言葉を、スポーツ科学の中でいち早く取り入れていたのも鈴木教授であった。たとえば、34年前の1986年3月に出版された著書『スポーツの栄養・食事学』の中で、「アスリートのための栄養をデザインする」「アスリートのための食生活をデザインする」という項目が設けられている。

近年、多くのスポーツの現場ではさまざまな科学を活用した取り組みがなされている。しかし、すべてがうまくいっているわけではない。その要因として、現象を包括的に捉えられずにアスリートの目的に沿って活用できていないことがあげられる。その意味からも鈴木教授の手法は多くの示唆を我々に与えてくれる。

3-2 食事のタイミングでパフォーマンスは劇的に変わる！

ここで、前節でたびたび述べてきた、運動、栄養、休養のリズムとタイミングの理論である、アスリートの身体作りに関する「普遍の科学的セオリー」について、もう少し詳しく紹介していきたい。アスリートだけでなく、一般の方の健康な身体作りにも参考になる点は多いと思う。

運動、栄養、休養は、スポーツを行わない人も行う人も、健康であれば多くが実践していることである。一般的に、スポーツをしていない人は、運動をしていないと考えているかもしれないが、そうではない。スポーツは運動の一部であり、身体を意図的に動かす活動は運動と位置付けることができる。たとえば歩行、階段の上り下りも日常意図的に行う活動といえる。屈伸、伸脚、腕の上げ下げ、上体起こし、上体反らし、そしてジョギング等もすべて運動であり、日常的な活動の中には、そういった運動の要素が入っているともいえるであろう。

主食、主菜、副菜のバランス

一日に摂取した方が良い食品は、30品目といわれている。なぜ、これだけ多くの食品を摂る必要があるのだろうか。その理由は、身体の構成成分となる「タンパク質」、エネルギー源となる「炭水化物」と「脂肪」の三大栄養素と、三大栄養素の補助的な役割をするために必要な「ビタミン」と「ミネラル」をまんべんなく摂るためである。

ここで少しエネルギー代謝について説明したい。私たちが生命を維持するためには、生体内にお

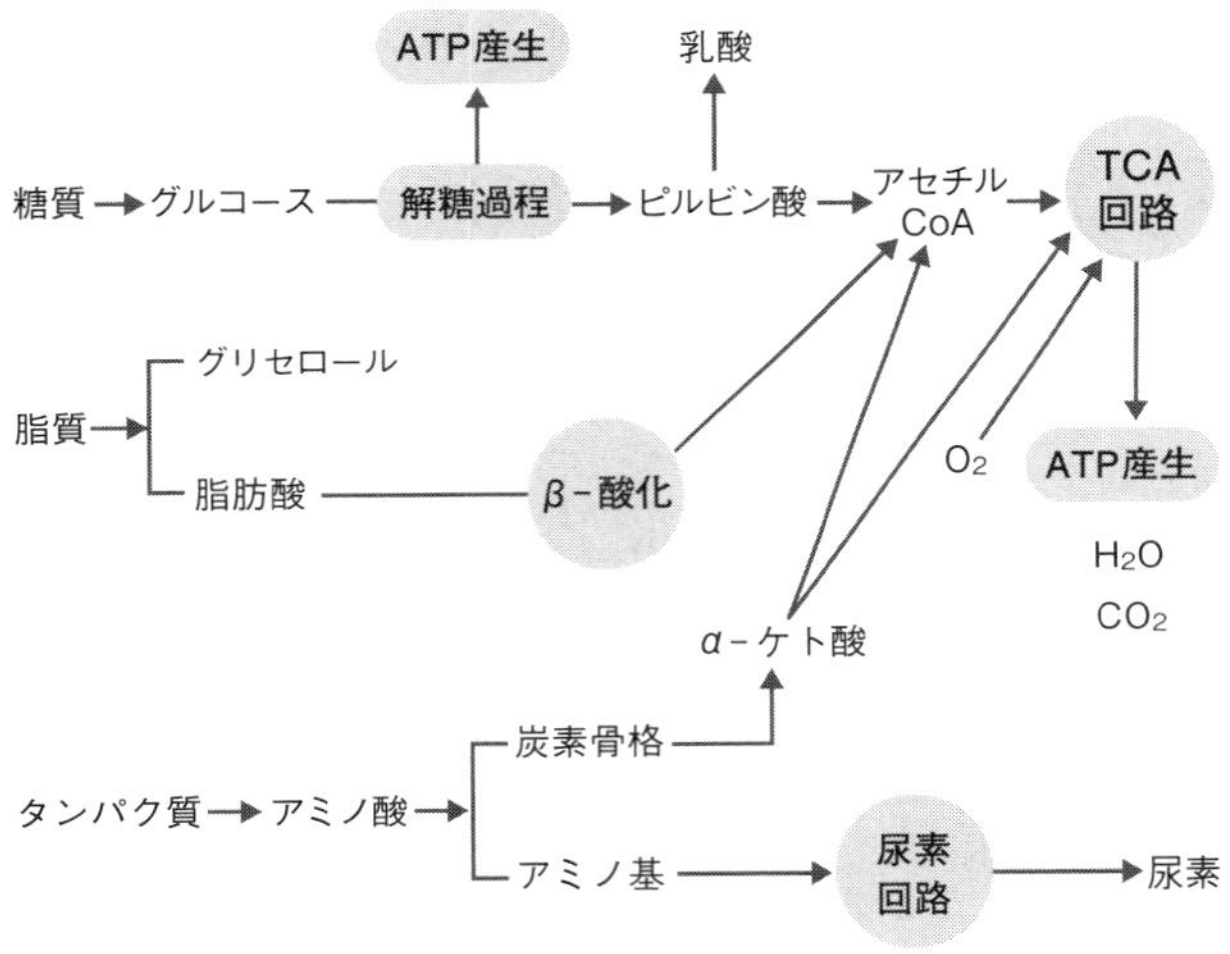

図3-2　三大栄養素のエネルギー産生過程

いてエネルギーを作ることが必要となる。身体の中で直接的なエネルギー源となるのが、高エネルギーリン酸化合物のアデノシン三リン酸（adenosine triphosphate：ATP）である。そのATPが分解されることにより生産されるエネルギーを利用し、生命を維持している。さらに骨格筋では、ATPを分解した際のエネルギーを利用して筋収縮を行っている。また、ATPの産生を営むために、糖質、脂質、タンパク質の代謝が上手く連携をとるメカニズムが構築されている（図3-2）。

　栄養学の世界では一般的にとる基本的な食事について「主食」「主菜」「副菜」「牛乳・乳製品」「果物」という分け方をするが、スポーツ栄養学の分野でも、その流れを汲んでいる。スポーツを行う人がとるべき基本的な食事について、この分類を日頃から意識することで、必要な栄養素を欠かさず摂取することが大切である。

主食は、ごはん、パン、麺類などの炭水化物を多く含む食品である。炭水化物は、グリコーゲンとして筋肉、肝臓に貯蔵され、脂肪と同じく身体活動の主なエネルギー源となる。その中でグリコーゲンは、強度の高い運動や激しい運動の初期に主に利用される。

ただ、グリコーゲンの貯蔵量は、脂肪と比べて少ない（個人差はあるが、筋肉に約３００g、肝臓に約１００g）。そこで、日常の活動においても減少するグリコーゲンは、トレーニングを行うアスリートでは毎食必ず補充することが必要となる。また、グリコーゲンは分解されてブドウ糖となる。血中ブドウ糖は脳の唯一のエネルギー栄養素であり、ブドウ糖が不足すると脳の活動が低下し、思考力や集中力も欠け、イライラすることもある。つまり、毎食の炭水化物の補充が、脳のエネルギー源にもなるということである。

主菜は、肉、魚介、卵、大豆食品などタンパク質を多く含む食品からなる。摂取されたタンパク質は、アミノ酸に分解されて小腸で吸収される。その後、アミノ酸を材料として体タンパク質が合成されることになる（図３‐３）。

副菜は、野菜、海藻、きのこなど、ビタミンやミネラル、食物繊維といった主食や主菜で不足しがちな栄養素を補う。

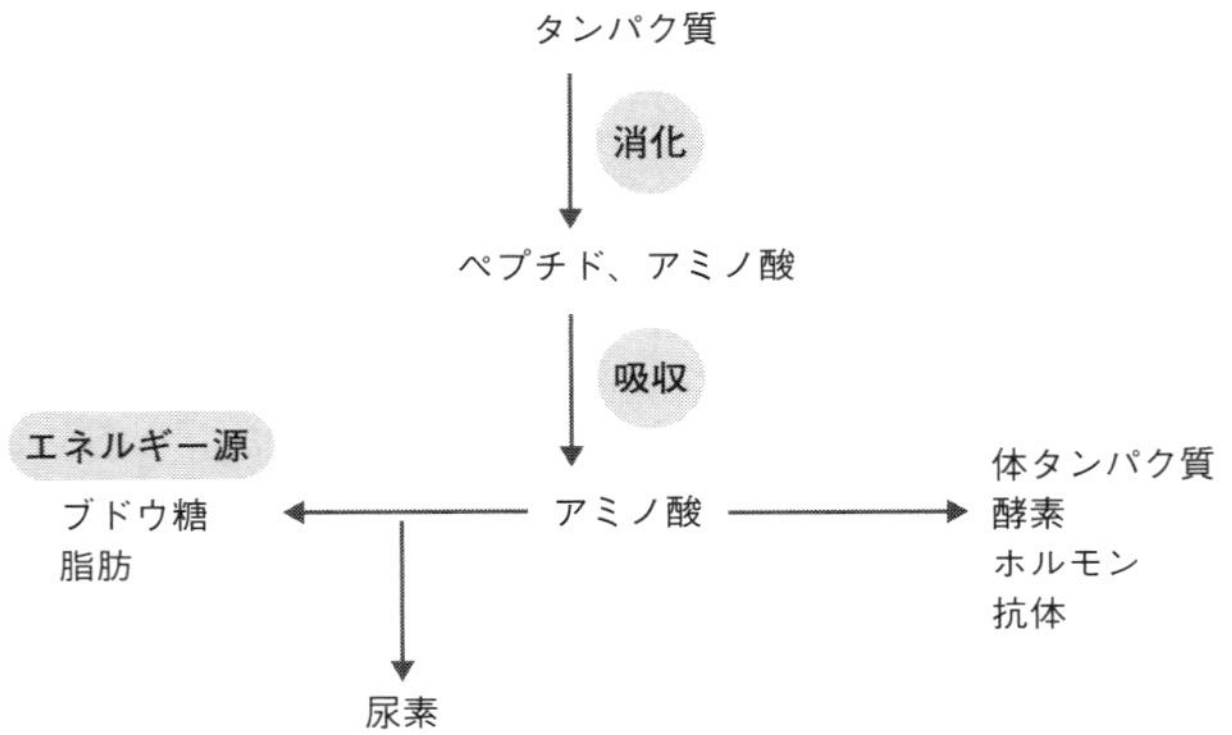

図3-3　体内におけるタンパク質代謝のメカニズム

量的には、見た目のバランスを大まかにいって、主食3、主菜1、副菜2の比率を目安にするとよいとされており、さらに果物、乳製品を加えることで栄養素のバランスを整えることができる。

ここでもう一つ意識して摂るべき栄養素として、身体活動のエネルギー源である炭水化物と脂肪に関わるビタミンB_1、B_2の役割について触れておきたい。炭水化物の摂取が身体活動やスポーツをする上でいかに大切かについては前述の通りである。それに関係してビタミンB_1は、解糖系やクエン酸回路というエネルギー代謝経路で働く酵素を助ける補酵素として、エネルギー産生に関与している。つまり糖質がエネルギーとして使われる時には、ビタミンB_1が不可欠である。もう一つのエネルギー源である脂質の代謝に、やはり補酵素として深く関与しているのが、ビタミンB_2である。脂質が疲労時などに使われる時に不可欠である。

つまり、ビタミンB_1、B_2が、炭水化物と脂肪を効率よくエネルギーに変換してくれることがわかる。

運動、栄養、睡眠のタイミングで効果が違う!?

アスリートも一般のスポーツ愛好家も「主食、主菜、副菜、乳製品、果物」を意識して食べることで、必要な栄養素を摂ることが大切であると述べてきたが、それでも必ずしも身体作りやパフォーマンスの向上に効果が現れるわけではない。というのも、食事で得た栄養の効果は、トレーニングや試合が行われる時間帯と食事の摂取時間に大きく左右されるからである。

たとえば、図3－4を見てほしい。運動直後から栄養補給を開始した場合と、運動後2時間後から栄養補給を開始した場合とにおいて、筋タンパク質の合成量に差があり、前者のほうがより多くなることがわかる。このことから栄養をタイミングよく摂ることが重要であるといえる。

またグリコーゲンについても、同様の研究結果が出ている。運動やスポーツをすることによって、体内に貯蔵されているエネルギー源であるグリコーゲンが消費され、筋タンパク質が分解される。そのため運動やスポーツ後は、これらを回復させたり合成を促進させたりする必要がある。そのためには、材料となる栄養素が必要であり、適切なタイミングでの食事は、良質な身体作りに繋がることが理解できるであろう。

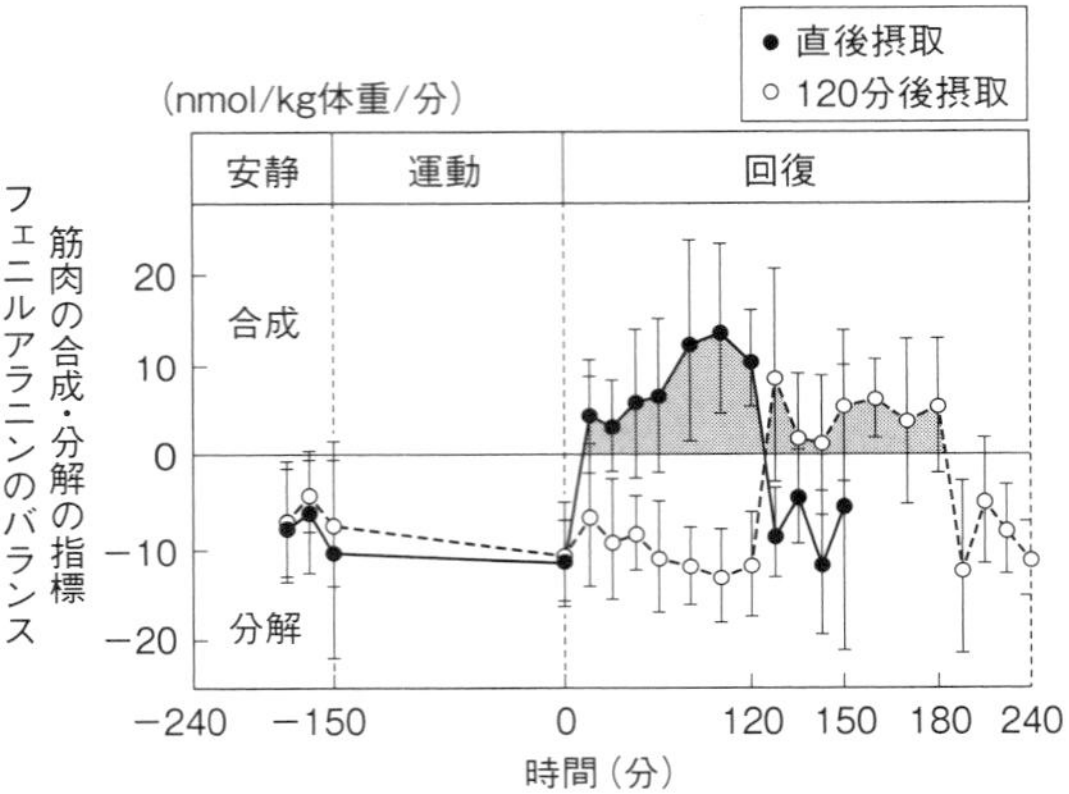

図3-4　運動後の栄養補給開始タイミングと筋肉の合成・分解
Okamura et al., 1997

また、身体作りの中心である筋タンパク質合成には、成長ホルモンの分泌が欠かせないことが一般的にも広まってきている。成長ホルモンには、血中のアミノ酸を筋肉に取り込む働きを刺激する生理的なメカニズムがある。前述のように、成長ホルモンの分泌は、睡眠時とウエイトトレーニングを行った時に大きく高まる。睡眠については次節で解説するが、このことから、最も合理的な筋肉作りのためのタイムテーブルとしては、ウエイトトレーニングの前か直後にタンパク質を摂取し、運動後、速やかに睡眠に入るパターンが考えられる。

アスリートは、鍛練期（強化合宿時など）に早朝、午前、午後の練習を行うことがある。この場合、午前の練習にウエイトトレーニングを組み込み、昼食でタンパク質を十分に摂り、昼寝に入るというリズムで効率良く筋肉をつける取り組みもなされている。前述のように、力士が運動、栄養、休養の「普遍の科学的セオリー」に則って、尋常ではない大きく強い身体を作っていることも、その一例である。

3-3 アスリートにとって休養とはなにか

睡眠をスポーツの味方につける

ここでは、運動、栄養、休養の中でも特に休養、その中でも近年注目されている睡眠について述べたい。睡眠とは、感覚器による知覚は働いているが、意識は喪失していて、それが自然に繰り返される状態のことである。

日本人の平均寿命は、２０１８年の統計では男性81・25歳、女性87・32歳である。一日平均８時間寝るとすれば、人生の３分の１に当たる、28年間ほど眠っていることになる。運動するしないにかかわらず、この時間を意図的に有効活用することができれば、人生をさらに有意義に過ごすことができる。その意味からも睡眠の質を上げて効率良くさまざまなダメージや疲労から回復することが重要となる。

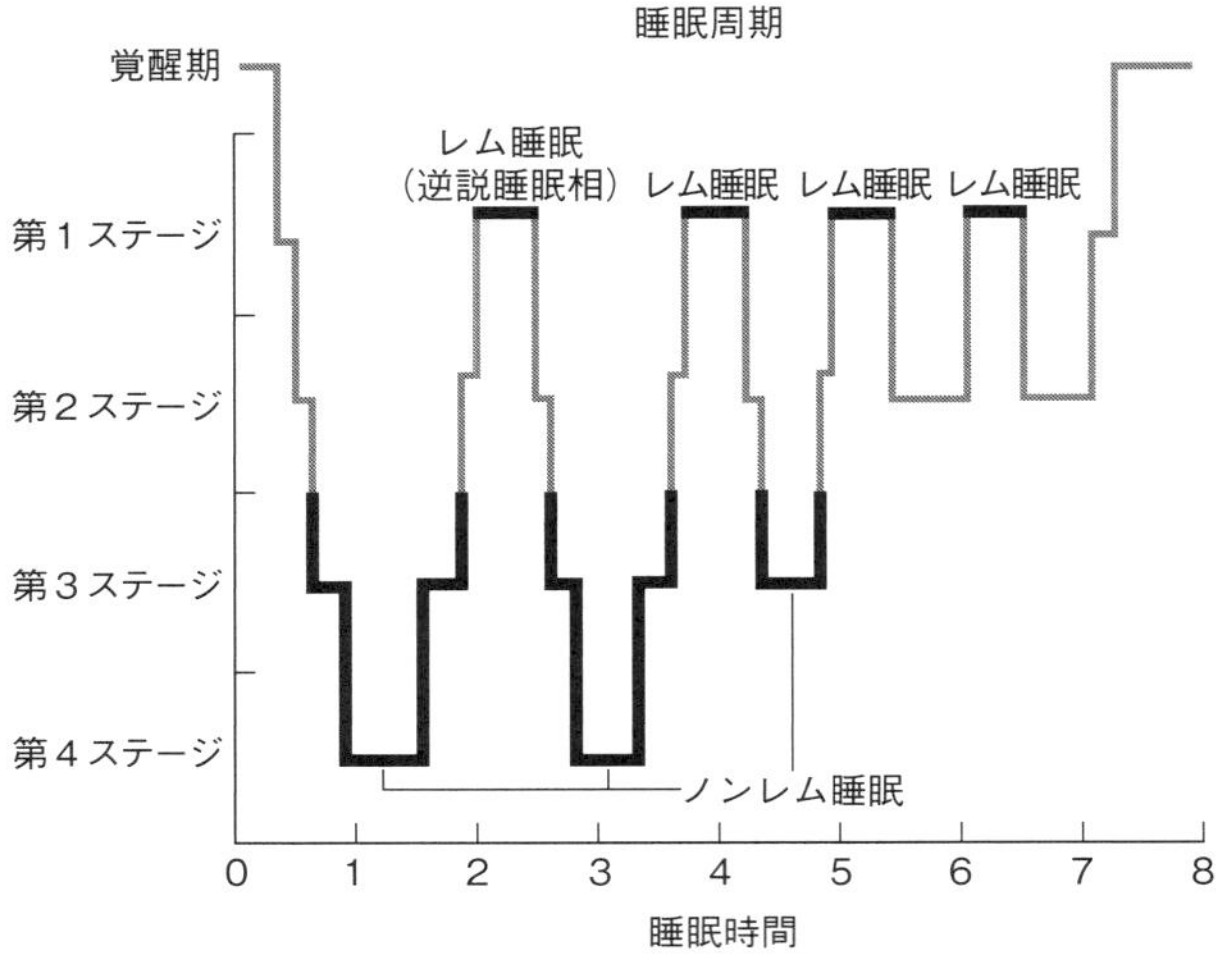

図3-5　睡眠の周期
『リカバリーの科学』より

図3－5に睡眠の深さのデータを示す。睡眠は周期的に調節されており、浅い眠り（第1ステージのうちレム睡眠を除いた部分、第2ステージ）、深い眠り（ノンレム睡眠／第3ステージ、第4ステージ）、そしてレム睡眠（夢をみることを経験する／逆説睡眠）からなっている。

浅い眠りでは、筋肉は弛緩を始め、同時に血圧と心拍数が低下する。深い眠りでは筋肉の弛緩がさらに進み、いびきをかきはじめることもある。心臓血管系は負荷が減少するので活動を低下させている。一方、ホルモン系は活発に活動し、大量の成長ホルモンが分泌される。レム睡眠に入ると夢をみることがある。この時、脳の活動は増加し覚醒時と類似した動きがみられる。

睡眠の1周期は、浅い眠りからレム睡眠までの1サイクルで、個人差はあるがおおよそ約90分となっている。適度な睡眠に必要な周期は4～6周期といわれており、6～9時間が必要となる。また、2回目の周期以降は深い睡眠相が短くなっていき、朝方の最後の睡眠周期には、深い眠りの第3、第4ステージはなくなっていく。

アスリートの研究から、睡眠時間の減少が、いくつかの身体への影響を引き起こす可能性があることがわかっている。たとえば、眠らずに起きていることで筋グリコーゲンの再合成能力への影響がおこり、身体内のグリコーゲン含有量は低下することになる。また、コルチゾールというホルモンの血中濃度が増加し、それにより成長ホルモンの活性が低下し、筋肉の分解が進むことが考えられる。

アスリートは、試合、トレーニング、遠征等の精神的ストレスや不安のため、睡眠への悪影響が及ぶことが多い。このため、本来必要なリカバリーに影響を受けることになる。また、睡眠不足は記憶にも影響を与えるため、戦術や新しい運動技能の習得時にも問題になる可能性がある。

アスリートが高負荷のトレーニングや試合のストレスから回復（リカバリー）するには、より多くの睡眠時間を確保する必要がある。スタンフォード大学の男子バスケットボールチームを対象とした、睡眠とパフォーマンスの関係性をみた研究では、睡眠時間を一日10時間とらせる試みを5～7週間行った結果、スプリント（コートでの動き）タイム、フリースローの精度、スリーポイントシュートの精度がいずれも向上したとされる。さらに、その際のアスリートたちの主観をまとめると、機敏さと気分が向上し、眠気と疲労が減少したとの結果が得られている。

その他、睡眠の習慣としては、毎日できるだけ同じ時間に就寝、起床することが推奨されている。規則的な睡眠スケジュールは、質の良い睡眠を促進する助けとなる。

カフェイン、アルコールと睡眠

質の良い睡眠に悪影響を及ぼす可能性のあるものは避けることが望ましい。その意味からもカフェインとアルコールの摂取は気をつける必要がある。

カフェインは、夜遅くに摂ると睡眠の質と量にマイナスの影響を与える。一方、日中に摂取することによって、中枢神経系を刺激し運動パフォーマンスの発揮に効果的である。つまり、カフェインは、摂る時間を考えることが重要ということである。

アルコールの摂取は、心拍数・呼吸数の増加、胃腸障害、頭痛等、睡眠に影響を与える可能性がある。また、就寝の30～60分前のアルコール摂取は、睡眠障害を引き起こす可能性もある。これらのことからアスリートは、ハードトレーニング期のようなリカバリーが必要な時期にはアルコールの摂取を極力控えた方が良いといえるであろう。

また、アスリートだけでなく、一般的にスポーツを楽しむ人であっても次の日に大切な試合がある時には、睡眠への影響を考え、カフェインやアルコールの摂取を控えることが重要となる。

リカバリーが勝負を決める

現在、世界中のトップアスリートの間では「リカバリー」が勝つためのキーワードになっている。２０１９年ラグビーワールドカップにおいて、日本代表が強豪スコットランドに勝った試合を覚えている人も多いであろう。この試合で日本は28対21で勝利し、初のベスト8に進出した。一方、前回の２０１５年ワールドカップ、イングランド大会での強豪南アフリカ戦は、34対32で逆転勝利し、「ブライトンの奇跡」として語り継がれる試合となった。しかし、その後のスコットランド戦では、10対45で大敗し予選プール敗退となった。

実はここにリカバリーが大きく関係してくる。２０１５年大会では、南アフリカ戦は9月19日、スコットランド戦は9月23日と、中3日間でのスケジュールであった。２０１９年大会は10月5日にサモア戦、10月13日にスコットランド戦があり、中7日間でのスケジュールであった。一方、スコットランドは中3日間で日本戦というスケジュールであった。

近年のラグビーは、ルールの改正もあり、プレーを途切らすことなくスピーディーな展開で試合が進む。また、サッカー、フィールドホッケー、バスケットボール、ハンドボール等のボールゲームとの大きな違いは、コンタクトプレーが多い点である。ルールに則っていれば激しく相手にぶつかることが許されている。そのため、試合後の身体は、打撲、捻挫、骨折、裂傷等の外傷と、外からでは見えない脳震盪《のうしんとう》、腹部打撲による内臓破裂、ミオグロビン（筋肉中にあって酸素を貯蔵するタンパク質）の血管内への流出といった障害も多い。また、外傷や障害には至っていないものの、その直前の状態で試合を終えることも多々ある。そのためラグビーでは、他の競技以上に試合の間隔を明けて回復に努めることが重要となることが理解できるであろう。

ラグビー以外でも、そのスポーツならではの身体へのダメージがあり、それぞれに回復（リカバリー）期間が必要となる。またこのことは、一般のスポーツ愛好者も参考にできる。マラソンのレース、サッカー、バスケットボール、テニス、ゴルフ、野球等において、試合やトレーニングで身体と心に過度な負荷を与えた時には、いつも以上に回復に充てる期間を長めに取る必要がある。

リカバリーを科学する

最近のスポーツ科学研究においても、アスリートのパフォーマンス向上にはトレーニングだけではなく、トレーニングの負荷によって蓄積された生理的・心理的ストレスへの不適応を予防するためのリカバリーが重要だと指摘されている。

２０１６年にドイツのミュンヘン工科大学ライテンハスラッハ科学研究センターにおいて、リカバリーとパフォーマンスに関するシンポジウムが開催された。国際的な専門家が集いパフォーマンス向上のためのリカバリーに関する知見を集約して、定義、理論、そして実践について合意声明としてまとめた。

その中で議論された定義によれば、リカバリーとは、時間軸での多角的（生理的、心理的等）な回復過程のことである。個人の回復状態（生体、心理、社会的バランス）が外的・内的要因によって妨げられる場合、身体的・精神的な追い込みによって蓄積した疲労は増大する。一方、疲労はリカバリーによって補うことができる。つまり、生理学的・心理学的レベルでケアを施し再構築することにより、生物学的な身体と心のバランスが回復するということである。

アスリートにおいてリカバリーを怠ると不適切な疲労の蓄積に繋がり、結果的にパフォーマンスの低下だけでなく怪我などの生理的なリスク、および心理的な障害（イライラ、集中力の低下、睡眠不足等）をもたらし、オーバートレーニング状態になる可能性がある。オーバートレーニングにはさまざまな解釈があるが、ここでは過剰なトレーニングによって慢性疲労状態となりパフォーマンスが低下し、回復が困難な状態をいう。

また、「リカバリー」は総称であり、「再生」もしくは「心理的回復戦略」など、方法の違いによって細分化される。たとえば、生理学的な筋肉疲労や血行不良からの「再生」とは、マッサー

プロトコル（手順）
動後の2時間以内、あるいは24時間後、72時間後、そして96時間後でも効果が現れた
ンプレッションガーメントを活用した多くの学術論文のプロトコル（手順）は十分な程度の筋 傷を誘発するほど強度が十分ではない
-15℃の冷水に11-15分間（※水温が15℃以下でないと炎症に対するポジティブな効果が れない） -20℃の水に、一回5-15分、もしくは一回1-5分で複数回繰り返す 足のみと比較して腰もしくは肩までの深さで浸水するほうがより有効である 動の種類によって、浸水の深さ、水温、所要時間、それによってもたらされる効果はさま である
℃以上の温水に10-24分間の浸水 本的に浸水時の動きはないがマッサージのためのジェットが使用される場合あり
分の冷水浴と1-2分の温水浴を交互に3-7回実施（合計6-15分の浸水） 水浴に温水シャワーを使用する場合もあり 水浴で終わるか温水浴で終わるかに関する合意形成はされていない
℃～36℃で15-30分間の浸水 究では浸水中に、水泳、ウォーキング、その他の有酸素運動を含む 水中にストレッチを行う場合もある
発性筋肉痛：運動後24時間以内に-110℃から-195℃の間で3分間（1-6回） 症軽減：運動前に-130℃で2分間、運動後に-110℃で2-3分間 律神経系への好影響：-60℃から-110℃で2-3分間（運動前後一日2回、38回まで有効） 眠の質：-110℃で3分間（一日1回14日間以降有効） 化ストレス：-130℃で2分間、もしくは-125℃と-150℃で3分間（1回で有効）
発性筋肉痛：運動後24時間以内に-110℃から-195℃の間で3分間（1-6回） 律神経系への好影響：-160℃で3分間（運動前後一日2回、38回まで有効） 眠の質：-130℃で3分間

リカバリー戦略	手法	効果のある症状
圧縮 (Compression)	マッサージ (Massage)	○遅発性筋肉痛(DOMS) ○疲労感　○炎症
	コンプレッションガーメント (Compression Garment)	○遅発性筋肉痛(DOMS) ○疲労感
水治療法 (Hydrotherapy)	冷水浴 (CWI: Cold Water Immersion) = ≤ 20℃	○遅発性筋肉痛(DOMS) ○疲労感 ○熱ひずみ、腫れ、炎症、手足の 流停滞、筋肉の痙攣、筋肉痛
	温水浴 (HWI: Hot Water Immersion) = ≥ 36℃	リカバリー効果なし
	交代浴 (Contrast Water Therapy) = CWIとHWIの交互	○遅発性筋肉痛(DOMS)
	微温長時間浴 (TWI: Thermoneutral Water Immersion) = > 20 to < 36℃	リカバリー効果が不確定 (有酸素運動を伴うTWIが瞬発系運 に対するリカバリー効果を持つ可 性はある)
クライオセラピー (Cryotherapy)	全身冷却療法 (WBC: Whole Body Cryotherapy)	○遅発性筋肉痛(DOMS) ○炎症 ○自律神経系の不調(心血管系 リスク等) ○睡眠の質の低下 ○酸化ストレス
	部分冷却療法 (PBC: Partial Body Cryotherapy)	○遅発性筋肉痛(DOMS) ○自律神経系の不調(心血管系 リスク等) ○睡眠の質の低下

表3-1　リカバリー方法の種類
Dupuy et al., 2018ほかより作成

ジャストレッチ、軽い運動によるリカバリーである。一方、精神的な疲労（認知疲労ともいい、注意、集中、判断など認知機能が低下する）からの「心理的回復戦略」は、認知的セルフレギュレーション（自己の行動を分析し、望ましい方向にコントロールしていくこと）、心理的リラクゼーションなどの心理的リカバリーの方法によって補われる。

また、体を動かさない受動的な回復（パッシブリカバリー）、体を軽く動かすことによって疲労の解消に繋げる積極的な回復（アクティブリカバリー）という分類もあり、その組み合わせにより最適なリカバリーを図ることが重要である。

これまで、身体的運動による損傷からの回復を促進するためのリカバリーインターベンション（介入）が複数紹介されてきた。それらを一覧表にまとめた（表3－1）。表中のコンプレッションガーメントとは、伸縮性のある素材の生地による衣類のことで、血行を促進する効果がある。元々は循環障害の患者の血流を改善する、医療用に開発されたものである。

Dupuyら（2018）のリカバリーの検証によれば、軽い運動によるアクティブリカバリー、マッサージ、コンプレッションガーメント、浸水（水治療法）、後述のクライオセラピーなどは、遅発性筋肉痛（Delayed Onset Muscle Soreness：DOMS）を減少させることがわかった。DOMSは、不慣れな運動を行った後や、過度な運動を行った後24～48時間をピークとして生じる疼痛《とうつう》および筋硬直のことをいう。

その中でも特に、マッサージ、コンプレッションガーメント、浸水を用いた時に疲労感は大きく減少することが明らかになった。さらに、炎症に対する最も有効なリカバリーテクニックはマッサージと寒冷暴露（クライオセラピーと冷水浴）であった。

もちろん、アスリートはトレーニングや試合後の自分の症状をよく観察した上で、トレーナーやストレングス＆コンディショニングコーチなどの専門家の意見を聞き、リカバリー方法を適切に選択する必要がある。このことは、トップアスリートも一般のスポーツ愛好家も同じである。さらに大切なことは、科学的なデータも見ながら、さまざまな方法を試して自分に合った手法を見つけていくことである。他人に効くリカバリー方法が、自分に効くとは限らない。また、当然その日の体調等によってリカバリー効果も影響を受けるので、科学的データからだけではない判断が必要になる。リカバリーはまだまだ難しいテーマでもある。

トップアスリートが取り入れる最新リカバリー法

①　冷水浴と交代浴

ここまで述べてきたように、スポーツにとってリカバリーは重要である。表3－1でも紹介したリカバリー法のうち、効果が研究され注目されているものをいくつか紹介したい。

私はこれまで、2004年アテネオリンピックから2016年リオデジャネイロオリンピックまで夏季オリンピック4大会に関わってきた。その中でオリンピックの選手村内の他国の選手やスタッフの居住エリアを多く訪問する機会に恵まれた。東京2020の選手村は、メインダイニングホール、ポリクリニック（大型総合診療所）、トレーニングセンター、宿泊棟、バスターミナル等から構成されるマンション群になっており、これまでの大会においてもほぼ同等の作りになっていた。そのようなオリンピックの選手村の中で、強豪国がさまざまなリカバリーに関する取り組みを行っているのを目にしてきた。

その一つが水浴を用いたリカバリー方法である。特に有効な手法には冷水浴と交代浴がある。冷水浴は、熱ひずみを軽減し、筋肉痛を減らし、何度も繰り返す高強度トレーニングやチームスポーツにおいて起こり得る二次的な筋肉損傷からの回復を促進させる。これらの作用から、暑熱環境での持続的なパフォーマンスの発揮に有効であることが報告されている（192ページを参照）。また、冷水浴は、知覚的な回復にも有効であることが明らかになっている。

冷水浴の方法は、11〜15℃の冷水に11〜15分浸水を行う方法と、10〜20℃の水に一回1〜5分で複数回浸水を繰り返す方法などがあるが、後者のほうが良い効果が出る傾向にある。さらに、手足のみ浸水する場合と、腰もしくは肩の深さまで浸水する場合では、後者のほうがより有効であることも研究によって立証されている。また、水温が15℃以下でないと炎症に対するポジティブな効果が得られないことがわかっている。

交代浴は、冷水浴と温水浴を繰り返す方法である。これらの研究は２０００〜２０１１年に多く報告されており、研究の結果はさまざまであるが、競技の現場において実践されている例は多い。

交代浴は、連続した末梢血管収縮および血管拡張を誘発し、運動後の浮腫形成を減らし、炎症の治癒過程へ影響するとともに、痛みの感覚を軽減させることが報告されている。また、メタ分析によると、交代浴は血中ＣＫ（クレアチンキナーゼ）濃度を減少させ筋肉損傷を減らすことが示されている。ＣＫとは、筋肉にエネルギーを貯めるときに働く酵素で、筋肉の障害が起こったときに濃度が高まる。

特にチームスポーツにおいては、これまでの研究から、冷水浴や交代浴を用いたリカバリーをトーナメント間や試合間で行った場合、有効であるという結果で一致している。また、行う運動の種類による効果の違いについても報告されている。たとえば、単発のタイムトライアルや試合、筋損傷を伴う運動では、交代浴が望ましいとされている。

交代浴は、11〜15℃の冷水浴を1分、その直後に38〜42℃の温水浴を1〜2分、これらを繰り返し、合計6〜15分間行う。効果を最大限に発揮させるためには、運動後、可能な限り速やかに実施することが望ましい。

② クライオセラピー

2008年の北京オリンピック後あたりから、新たなリカバリー方法として「クライオセラピー」(寒冷療法)がハイパフォーマンススポーツ分野で使われている。表3-1にも記載したクライオセラピーとは、凍結刺激法の一つである。局所的にアイシングとして患部を冷やす光景はスポーツのシーンでもよく見られる。もともとリウマチ性疾患に起因する痛みや炎症症状の緩和に適用され、関節炎、線維筋痛症、強直性脊椎炎などの治療に推奨されてきた。

効果としては、以下の通りである。皮膚と筋肉の冷却により酵素活性と代謝を減少させ、末梢血流を減少させる末梢血管収縮を誘発することで、炎症反応を減衰させる。このことにより、浮腫の形成の可能性を低減する。また、リカバリー改善の重要な側面である、運動誘発性虚血後のタンパク質分解を制限することにも繋がり、筋肉損傷からの回復が期待できる。

そのメカニズムについては未解明の部分もあるが、特に痛みの緩和と炎症症状の軽減および運動後の回復改善は、冷たさによる鎮痛と酸化ストレスおよび炎症レベルの軽減によると考えられている。さらに、寒冷刺激は神経伝導を減少させ、神経伝達物質であるアセチルコリン形成を減少させることもわかっており、痛みの緩和との関連が研究されている。

クライオセラピーの機器には、頭部以外の全身を冷却する全身冷却療法(WBC)と、部分冷却療法(PBC)の二つのタイプがある。サッカーのクリスティアーノ・ロナウド選手、バスケットボールNBAのレブロン・ジェームズ選手、陸上競技短距離のウサイン・ボルト選手が使っていることで話題になったのは、WBCである。日本においては東京都北区のハイパフォーマンススポーツセンター（236ページ参照）に数台設置されている。ここで用いられている装置は、窒素ガス（マイナス196℃）を用いて行うWBCで、身体周囲はマイナス170℃からマイナス130℃となる。

もちろんこれらの装置は、専門のスタッフの管理のもと、安全性を確保しながら使われなければならない。街中には美容効果をうたったあやしい「クライオセラピー」もなくはないようだ。アスリートや一般の方々が、むやみやたらにクライオセラピーを利用することは、リカバリーや美容に効果がない可能性があるだけでなく、むしろ危険を伴う場合もあることを知識として理解しておくことが大切である。

クライオセラピーが受けられる機会はまだ少ないが、これから一般人でも体験できるようになる可能性はある。また今後さまざまなリカバリー方法が開発されるかもしれず、疲れが一瞬で取れるような未来の装置ができることを楽しみに待ちたい。

第4章

ウエイトコントロールの科学

4-1 アスリートと減量

アスリートの減量を真似してはいけない!?

体重階級制の競技である柔道、レスリング、ボクシング、テコンドー、空手、ウエイトリフティング等では、試合に出場するためウエイトコントロール（減量）を行うアスリートが多い。ウエイトコントロールは、柔道、レスリング、ボクシングにおいては「減量」という言い方をするのが通常であり、厳密にはスポーツによって言い方が違ってくるのだが、混乱を避けて、以下減量という言葉で統一する。本章では、アスリートの減量と、一般の人が強く関心を持つ減量（ダイエット）との違いについて、科学の視点から説明したい。

大きな違いとしては、アスリートの減量は試合に出場するためのものであり、その多くは一過性だということである。つまり、計量というルールをクリアするためのものである。計量終了後は、適切な水分と栄養補給により体重を戻すのだが、とにかく計量をクリアしないと試合に出ることはできない。

一方、一般人の減量は、個人が考える理想の体型に近づけるためのものであり、一過性ではなく、短期間で体重を落とすことを目的にするわけではない。この違いを理解していれば、ボクシングの試合を観た後、真似《まね》をして夏の昼間に厚着をして走ろうとは思わないであろう。

というのも、メディアは、プロボクシングの試合前にボクサーが10kg前後減量したことを強調し、厚着をして縄跳び、ミット打ち、サンドバッグ打ち、そしてシャドウボクシングをしているシーンを好んで映し出すので、それを観た視聴者が影響を受けてしまい、夏の日差しのきつい昼間に厚着をして走って汗をかき、体重を一気に落とそうとする。しかし、専門家からいわせると、これは明らかに間違っている。この方法では、脱水や熱中症を引き起こす可能性があり、危険である。

また、女性の場合は、女性誌での特集号（特に正月後と夏前）を読んだ後にダイエットを始める傾向が見受けられる。最近は健康のことを考えない無謀なダイエット法は少なくなっているようだが、正しい科学的知識に基づいていないダイエット法は、続かないだけではなく、心身に過度な負荷を与え、極端な場合、命の危険さえあることを忘れてはならない。

特に気をつける必要があるのは、一つの食品を取り入れただけで痩せられることを過度に強調するダイエット法である。ほとんどが健康に悪影響を与えかねず、効果も少なく、長く継続することはないであろう。ゆで玉子ダイエット、りんごダイエット、朝バナナダイエット、夜トマトダイエット等、世の中に消えていったダイエット法は数多くある。これらの食品には、一日に摂取すべき大切な栄養素も含まれている。うまく取り入れられれば、健康に痩せる可能性もあるだろう。しかし、それだけを食べて痩せるということは他の必要な栄養素を摂取できず、一時的に痩せることはあっても、その後は体調不良を訴えることになり、結果として長続きしないことが想像できる。何より、人は食事を楽しむ生き物であることを忘れてはならない。

ダイエットを試みる場合に最低限必要なことは一日に必要な栄養素を満たすことであり、その上で食べ過ぎないことを心掛けることが重要となる。

なぜ、アスリートは減量を行うのか？

減量を必要とする競技・種別は、大きく二つに分けることができる。

一つは、試合前の計量がルールとして義務化されている競技である。前述の柔道、レスリング、ボクシング、テコンドー、空手、ウエイトリフティング等の体重階級制競技と、階級制ではないが、試合前に体重を測定するスキー競技のジャンプ等とがある。ジャンプでは、肥満度を計る指数として一般的に使われているＢＭＩ（体格指数）＝体重（kg）÷［身長（m）×身長（m）］を用いてスキー板の長さを決めるというルールがある。もしＢＭＩ指数が一定以上少ない場合は、短いスキー板を履かなければならなくなる。体重が軽いほど、スキー板が長いほど、遠くに飛べる傾向がある。もし計量がなければ、飛距離を伸ばすために減量をして、なおかつ長い板をつけられるが、計量の結果でスキー板の長さが決まるという条件があれば、あまり体重が軽くなると短い板で不利になる。つまり選手が飛距離を伸ばすための過度な減量をしないようにという配慮で、できたルールである。

二つ目は、計量がない競技である。陸上競技の長距離（マラソン等）と審美系の競技・種別（新体操、フィギュアスケート等）などが挙げられる。前者は少しでも体重を軽くして脚への負担を軽減するために減量を行い、後者は採点に有利と考えられる美しいプロポーションを維持し、動きをよくするために日常的に減量を行っている。

ここでは、試合前の計量が義務になっているため減量をしている階級制競技のアスリートに着目していきたい。東京２０２０オリンピックにおいて、試合前に体重測定（計量）をする階級制競技は６競技ある（表４－１）。

計量会場では多くのアスリートが、減量により痩せこけた顔で計量を待ち、終わった者から水分補給をして、持参したサプリメントゼリー、おにぎり、カステラ等を一気に食べ始める姿が印象的である。それくらい、アスリートの減量は過酷で壮絶でもある。ひと昔前は、世界選手権やアジア選手権などで、コーチ陣が雑炊を鍋で準備して、計量を終えたアスリートを待っている光景が見受けられた。最近はアスリート自身が、それぞれ自分に合った栄養価の高くて好きな物を、栄養士のアドバイスを受けながら用意してきているのが一般的である。

競技名	計量日	計量時間	試合期間	階級	備考
柔道	試合前日	夕方	1日	男女共に7階級	試合当日の朝に無作為に選手を抽出し、再計量を実施する。そこで選出された選手は、出場階級の5%以上の超過があると試合に出場できない。
レスリング	試合当日	試合の2時間前に実施	2日	各種別共に6階級	レスリングの種別は、男子のフリースタイル、グレコローマンスタイル、女子のフリースタイルの三つがある。また、通常は各種別とも10階級で大会が実施されている。
ボクシング	試合当日	試合の約3時間前に実施	4日間	男子8階級 女子5階級	ルールで一日1試合しかできないため4日間軽量がある。また、計量は1回しか計測できない。
テコンドー	試合前日	午前10時～正午	1日	男女共に4階級	柔道同様、無作為の再計量がある。通常は男女とも8階級で大会が実施されている。また、計量は中学生以上は500gまでの超過を認められている。例）成年男子58kg未満→58.4kgはOK。
空手	試合当日	午前10時～11時	1日	男女共に3階級	計量が実施されているのは、組手競技である。この他に形競技もある。通常は男女とも5階級で大会が実施されている。また、体重判定も導入されている。
ウエイトリフティング	試合当日	試合の2時間前に実施	1日	男女共に7階級	計量は検量と呼ばれている。また、**通常は男女とも10階級で大会が実施されている。**
その他	ボート競技やスキー競技のジャンプやコンバインド種別にも計量がある。				

表4-1　階級制競技の計量
※東京2020オリンピック開催時のルールを基準とした

表４－１からわかるように、計量は、試合前日に行われる競技（柔道、テコンドー）と、試合当日に行われる競技（レスリング、ボクシング、空手、ウエイトリフティング）とに分かれる。計量タイミングの違いにより、栄養補給も大きく変わる。

前日計量の競技のアスリートたちは、計量会場で飲料と軽食をとった後に宿舎に戻ってゆっくり夕食をとり、回復に努めることができる。翌日の試合まで、約15時間前後あるのが普通である。ただ、柔道やテコンドーでは、翌朝の試合前に無作為で出場選手を抽出し、再度計量をすることがルール化されている。そのため、前日の計量が終わっても好きなだけ食べて体重を増やせるわけではない。このようなルールになった背景には、過度な減量をして身体に負荷を掛けるアスリートが続出したことに対して、階級を無理に落とさずに適度な減量ですむよう医療面からの配慮があったとされている。

一方、当日計量の競技もその背景は同様であり、医療的な配慮からアスリートに無理な減量をさせないために当日計量にしているとの見解を、世界レスリング連合は示している。

しかし、過度な減量をするアスリートは、現在も少なくないのが実情である。その中で、当日計量のアスリートたちは、試合までの時間が短いため、計量後の回復が競技力を左右する大きな課題となっている。

それでは、なぜ階級制競技のアスリートたちは減量をするのであろうか。それは、同じ体重で戦う階級制競技では、できるだけ脂肪量を減らして除脂肪体重（体重から脂肪の重量を差し引いた、水分とタンパク質等の重量）の多い身体で戦うことが有利だと考えられているからである。そのため各競技の軽量級や中量級の男子アスリートは、普段から体脂肪率が10％を切る者が多い。その上で減量して計量をパスし、試合に臨んでいる。

いずれにしてもアスリートは減量するにあたって、計量にパスすることと、試合に出場したときの競技力向上との関係性を考えている。さらに、減量方法や日頃の体重管理を誤ると、脱水症などのスポーツ障害やコンディションが低下する危険性が高くなることにも注意している。

危険な短期急速減量

階級制競技におけるアスリートの減量は、その期間により、1週間に0・5～1kgの体重減を目標に徐々に減量を行う長期的減量と、数日から1週間程度で体重の5％以上の減量をする短期的減量に分けることができる。これらの減量の大きな違いは、長期的減量は摂取カロリーより消費するカロリーが多い、負のエネルギーバランスを伴う減量方法であるのに対して、短期的減量は摂取する水分量を制限する脱水を主とした減量方法であるということである。短期間の急速減量は、長期間の減量と比べその方法に特徴がみられ、極端な飲水制限やサウナ等による脱水が行われている。

また、短期間の急速減量には、計量日や試合の期間の違いも大きく関係している。計量後から試合までの体重回復（脱水状態からの再水和という）期間の違いが減量方法に影響していることも多い。このように、アスリートの減量方法は、減量期間や競技特性に大きく影響を受けると考えられる。

減量時には、さまざまなコンディション因子が変動する。極端な食事制限や脱水を伴う短期間の急速減量が影響を及ぼす因子には、次の項目が報告されている。（1）身体成熟の遅延、（2）摂食障害の増加、（3）学業や授業意欲の停滞、（4）心理的ストレス、（5）体温調節機能の低下、（6）循環器機能の低下、（7）血漿《けっしょう》量の低下、（8）免疫機能の低下、（9）内分泌機能の低下、（10）タンパク質合成能の低下、（11）運動性無月経や骨粗鬆症《こつそしょう》の増加、等である。

現実に、過度の急速減量による脱水が原因で、３名の米国大学レスリング部の選手が死亡した事例がある（１９９７年）。この事故を境として、全米大学体育協会（ＮＣＡＡ）ではレスリング競技におけるルールの改正を行い、階級を変更したり、減量におけるサウナを禁止したり、計量日の変更を行ったりして、再発防止に努めている。

つまり、繰り返しになるが、一般の方々が安易にアスリートが実施しているような減量をすることは危険を伴うのである。

世界初！　画像で見える減量プロセス

それでは実際のアスリートたちの減量時の身体的変化は、どのようになっているであろうか。前日計量方式（2016年リオデジャネイロオリンピックまで。東京大会は当日計量）のレスリングにおける研究結果について紹介したい。学生アスリートを対象として体重、胴囲（ウエスト）、大腿部等の変化について、磁気共鳴画像法（MRI法）を用いて通常体重期から減量および試合後までの経時的な調査研究を行った。このような追跡の仕方は世界初といってもいい試みである。図4－1でその結果を示している。

体重は、計量1ヵ月前と比較して、計量1週間前ではほとんど変化がなかったが、計量1ヵ月前と計量当日（試合前）では平均5・4kgの有意な減少が認められた（p<0.01）。減量率はマイナス7・3%であった。試合当日（試合後）の測定において、体重は計量当日（試合前）より平均3・1kg増加した。計量当日（試合前）には体脂肪率、体内水分量ともに1ヵ月前と比較して有意に減少した（p<0.05、p<0.01）が、計量1週間後に、ほぼ1ヵ月前の状態に戻った。

図4－1でわかるように、体幹部の横断面積は、計量当日（試合前）では計量1ヵ月前と比較し有意に小さくなったが（p<0.01）、試合当日（試合後）では計量1ヵ月前と有意差がなかった。

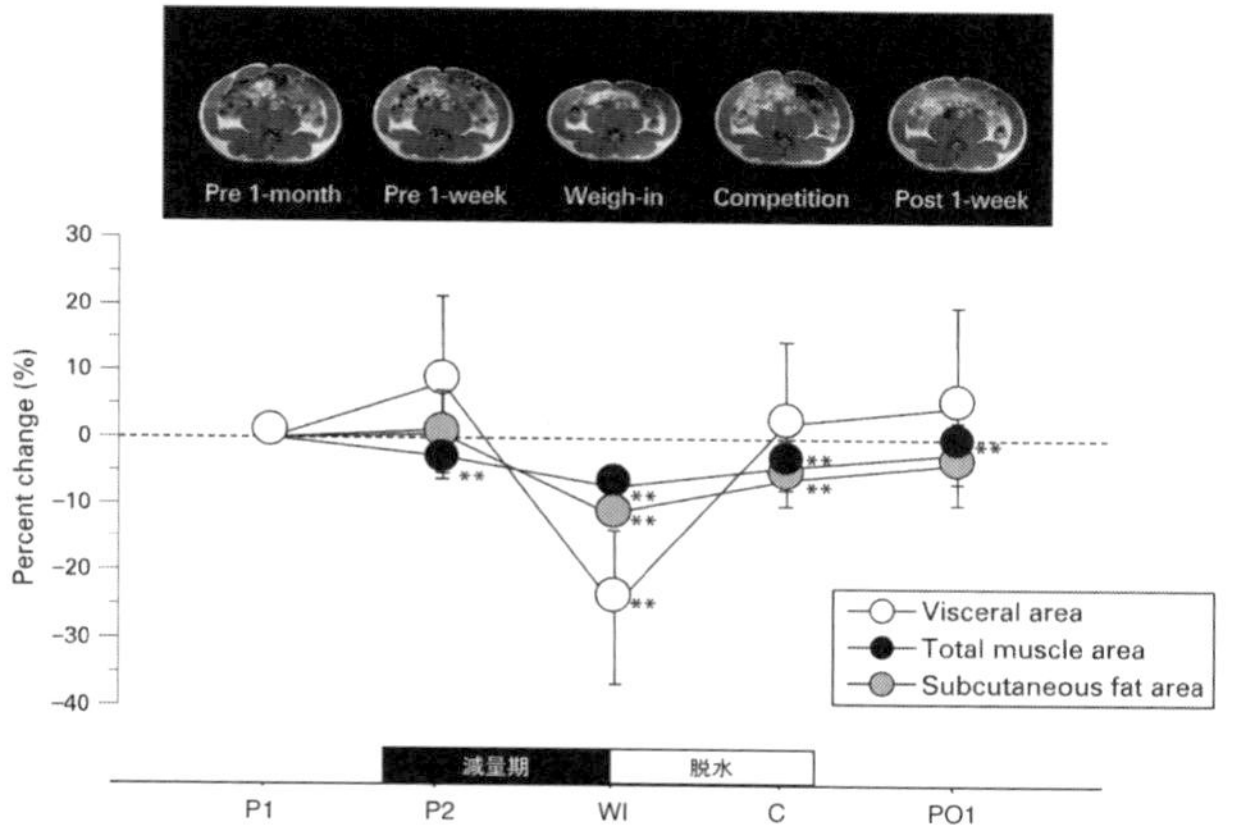

図4-1　レスリング選手の急速減量による体幹部の横断面積の変化率
P1は計量1ヵ月前、P2は1週間前、WIは計量時、Cは試合直後、PO1は計量1週間後を表す。グラフの○は内臓、●は筋肉、◎は皮下脂肪のそれぞれの横断面積の変化率。
**：$p<0.01$ vs1-month
Kukidome et al., 2008

体幹部内臓部分（筋肉、皮下脂肪、骨以外）に関しても同様で、横断面積は、計量当日（試合前）では計量1ヵ月前と比較して有意に小さくなり（$p<0.01$）、試合当日（試合後）では計量1ヵ月前と有意な差がなかった。

計量当日（試合前）の体幹部の筋肉横断面積は、計量1ヵ月前と比較して有意に小さくなり（$p<0.01$）、計量1週間後には計量1ヵ月前と同程度の大きさに回復した。

体幹部の皮下脂肪横断面積は、計量1ヵ月前と比較して計量当日（試合前）に有意に小さくなり（$p<0.01$）、計量1週間後では計量1ヵ月前と有意な差がなかった。

また図にはないが、大腿部に関しても、筋肉横断面積は、計量1ヵ月前と比較して計量当日（試合前）に有意に小さくなり（$p<0.01$）、計量1週間後では計量1ヵ月前および計量1週間前とも有意な差がなかった。大腿部皮下脂肪横断面積は、計量1週間前に計量1ヵ月前と比較して有意に小さくなり（$p<0.05$）、計量当日（試合前）にも計量1ヵ月前と比較して有意に小さくなった（$p<0.01$）。

これらのことで明らかになったのは、レスリング選手の大腿部および体幹部の筋肉横断面積、皮下脂肪横断面積、腹腔内横断面積は、減量により一時的に小さくなるが、計量後には素早く回復することであった。また、この結果から、腹腔内の面積比が計量の1週間前と計量当日（試合前）で大きく変わる要因は、急な食事および水分制限の影響であるといえる。さらに、計量当日（試合前）から試合までには、食事・水分の摂取量が急激に増大し、それに比例的に腹腔内の面積も大きくなっている。

これらのことから学生アスリートが実施している急速な減量は、脱水を中心として一過性に身体を小さくしているのであり、計量後の食事と水分の摂取により、急激に身体を元の状態に戻していることが明らかになった。この傾向は、これまでの調査研究から、多くのアスリートで一致している。

2012年ロンドンオリンピックに出場した日本選手では、男子9名（出場した全員が減量していた）、女子1名（4名出場したが、他の3名は減量をしていない）のアスリートは、平均8kg（減量率8～15％）の減量をしており、その期間は約2週間であった。計量後の体重回復は、約4～8kg（体重の回復率6～11％）であった。

共通している減量方法は、サウナおよびサウナスーツによる脱水とトレーニング量の増加による体脂肪減、そして食事と水分摂取のコントロールであった。また、その目的は試合に出場するための計量にパスすることであり、計量終了の数日後には元の体重に戻っている。そのため、何度も重ねていうことになってしまうが、アスリート以外の一般人が同様の減量をする意味はほとんどないといえるであろう。よって、ボクシングの試合を観た後に厚着をして走って体重を落とそうとすることはやめた方がよいのである。

4-2 減量が勝敗を左右する!?

なぜ吉田沙保里と伊調馨は勝ち続けられたのか

女子レスリングは、２００４年アテネオリンピックから正式に競技に加わった新しい種別（女子フリースタイル）である。その中で突出して強さを示したのは、吉田沙保里《さおり》選手と伊調馨《いちょうかおり》選手であった。

吉田沙保里選手は、21歳で初出場した2004年アテネ、2008年北京、2012年ロンドンとオリンピック3連覇を成し遂げた。さらに、世界選手権は13連覇記録を持つ。

伊調馨選手は、20歳で初出場したアテネ、北京、ロンドン、そして2016年リオデジャネイロと女子個人競技初のオリンピック4連覇を達成した。世界選手権は10回優勝をしている。二人はともに国民栄誉賞を受賞しているスーパーアスリートである。

高速タックルといわれた武器を持ち、常に攻撃に徹して相手をねじ伏せた吉田選手は、類まれな身体能力を持っていた。女子選手で高い位置でのバク宙バク転をなんなくできたのは当時、吉田選手だけであった。一方、伊調選手は、抜群のディフェンス能力と北京オリンピック以降の組み手（相手のバランスを崩すための両手の動き）からのタックルなどの攻撃で、優れた選手であった。

その二人に共通しているのは、ほとんど減量がなかったことである。多くのレスリング選手は、試合に出場するための減量に苦しむ傾向が強い。しかし、二人は減量を気にすることなく、普段からレスリングのトレーニングに集中できた点は大きなメリットであったといえる。なぜならば、極度の減量は、一過性の飢餓状態を作っているのと類似しており、心身への負担は想像を絶するものがあるからである。

二人が減量のない階級に出場するようになったのは、偶然であった。当時、日本の女子レスリングは、世界でも女子の強豪国として世界選手権等で抜群の強さを各階級で誇っていた。そのため、多少の階級変更をしても全員が優勝候補であった。2003年当時の女子レスリングの階級は、7階級（48kg、51kg、55kg、59kg、63kg、67kg、72kg）であった。その中で日本は5階級で世界チャンピオンを出しており、55kg級の吉田選手、63kg級の伊調選手も優勝している。当時の日本レスリング協会の方針として、女子レスリングは全階級優勝を掲げていた。二人は、選ばれた階級の中で偶然にも減量がなかった。本来であれば、吉田選手は51kg級が適正階級であったかもしれないが、そこには世界チャンピオンの伊調千春選手（馨の姉）がいた。また、伊調（馨）選手は59kg級への出場が適正であったかもしれないが、そこには、同じく世界チャンピオンの山本聖子選手がいた。吉田選手と伊調選手は、減量が不要の階級にうまく振り分けられたというわけなのだ。

2004年アテネオリンピックから正式競技に加わった女子レスリングは、IOCからの条件としてそれまでの7階級から4階級での開催を通達され、48kg、55kg、63kg、72kg級の階級を残した。このとき吉田選手と伊調選手はそれまでと同じ階級で、山本選手は55kgの階級へ変更が必要となった。階級の設定変更はその後も頻繁にあり、後述するが東京2020大会でも変更された。さらに次の2024年パリ大会でも変更の可能性が高く、選手にとっては減量の必要性が大きな鍵となってくる。

選手人生後半における減量との闘い

レスリングにおいて一般的に日本のシニアアスリートは、世界選手権に出場するためには、国内で二つの大会（全日本選手権大会、全日本選抜選手権）に出なくてはならない。さらに国外ではアジア選手権、世界選手権、ワールドカップやその他の国際大会に出場することもある。よって、年間に4～5回程度の試合に出場することになる。それは、4～5回程度の減量をすることを意味している。それを回避できた吉田選手と伊調選手は、他選手と比べて大きなアドバンテージがあったことは間違いないであろう。ただ、選手生活も長くなると、身体の変化に伴って戦い方も変わってくる。

他の競技の男子の例になるが、柔道でオリンピック3連覇（1996年アトランタ、2000年シドニー、2004年アテネ）を達成した野村忠宏選手について触れたい。野村選手も、減量の必要があったが2～3kg程度とそれほど大変なものではなく、3連覇達成にも追い風であっただろう。ただ、選手生活終盤は身体の変化に伴い、少しずつ必要な減量が多くなり、それとともに怪我が多くなったといわれている。

実はこのようなことは伊調選手にもあった。伊調選手の場合は、出場する階級が2012年ロンドンオリンピックまでは63kg級であったが、階級設定の変更などの事情から２０１６年リオデジャネイロオリンピックでは58kg級で戦った。さらに、東京２０２０オリンピックでは58kg級は廃止され（東京オリンピックの階級は50kg、53kg、57kg、62kg、68kg、76kg級）、代表を目指した最後の国内予選では57kg級への出場となり、ロンドン大会時より６kg少ない階級であった。メディアで観る伊調選手の顔は、頬がこけ、目がくぼむという減量をしているアスリートそのものであった。また、幼少期から競技を続けてきた影響で膝や足首等に怪我を負っていた。さらにその後の２０１９年度世界選手権予選等に出場したが、それまでの調整期間が短かったことも影響し、コンディションは決して全盛期のものではなかった。

減量と勝利の相関

筆者は昔、レスリング競技の選手として国際大会にも出場した経験があり、レスリングのコーチを務めたり、国際レスリング連盟（当時）の仕事を担当するなど、レスリングには一番縁があるので、もう少し話を続けたい。

オリンピックで同一種目３連覇以上という選手は全体でも数少ない。柔道ではオリンピックにおいて３連覇を達成したのは野村選手だけである。そして女子レスリングでは、３連覇以上を成し遂げたのは吉田選手と伊調選手だけである。

一方、男子レスリングではどうか。レスリングには、大きく分けて二つの異なるルールのスタイルがある。一つはヨーロッパを中心として盛んな、腰から下を攻撃と防御に使うことが禁止されているグレコローマンスタイル（男子のみ）である。二つ目は、全身を攻撃と防御に使えるフリースタイル（男女）である。つまり女子にはない種目が男子レスリングにある。それも含めて、オリンピックで3連覇以上した男子レスリングの選手は、１９９６年アトランタで3連覇を達成したグレコローマンスタイルのアレクサンドル・カレリン選手（ロシア）、同じく２０１６年リオデジャネイロで3連覇を達成したグレコローマンスタイルのミハイン・ロペス選手（キューバ）、そして１９７２年ミュンヘンで3連覇を達成したフリースタイルのアレクサンダー・メドベジ選手（旧ソ連）の３人のみである。やはり、いずれも減量の必要のないヘビー級（最も重い階級で、当時カレリン選手とロペス選手は１３０kg級、メドベジ選手は１００kg超級）であった。

このように、階級制の競技において減量の必要がないアスリートは、試合に出場する上で有利にトレーニング計画を立てることができる可能性が高くなる。

4-3 アスリート以外の減量

身体組成から考える正しい減量

私たちの身体は、水分、タンパク質、脂質、その他の成分（糖質、ミネラル等）で作られている（図４‐２）。また、一般的に体組成は、体脂肪とそれ以外の除脂肪とに分けられる。水分は身体の中では、除脂肪量として計測される。

身体の約60％は水分であり、体温の維持と調節、栄養素や酸素の運搬と老廃物の排出等、身体内のさまざまな機能と深く関わっている。さらに水分は生命維持の基盤であり、身体の動きを正常に保つためには水分の適切な摂取が欠かせない。

身体の水分は、細胞内液と細胞外液という形で貯蔵されている。細胞内液は、細胞の代謝のために使われており、細胞外液は主に栄養素や酸素を細胞まで運び、老廃物を細胞から排出している。細胞外液の代表が血液である。血液は酸素を運ぶ重要な運搬機能の一つであり、水分補給が適切でないと、運動をする上で要《かなめ》となる最大酸素摂取量という酸素を取り込む力が減ったり、脳への酸素供給が減ることにより脳の働きが鈍くなったりすることも考えられる。

また、体水分量は男女および年齢でも違いがある。一般成人の体水分量は約60％だが、女性は男性より脂肪量が多く、水分量は少なくなる。また、新生児や小児は約70％が水分である一方、加齢とともに水分量は減少傾向にあり、高齢者では約50％といわれている。ただし、あくまで一

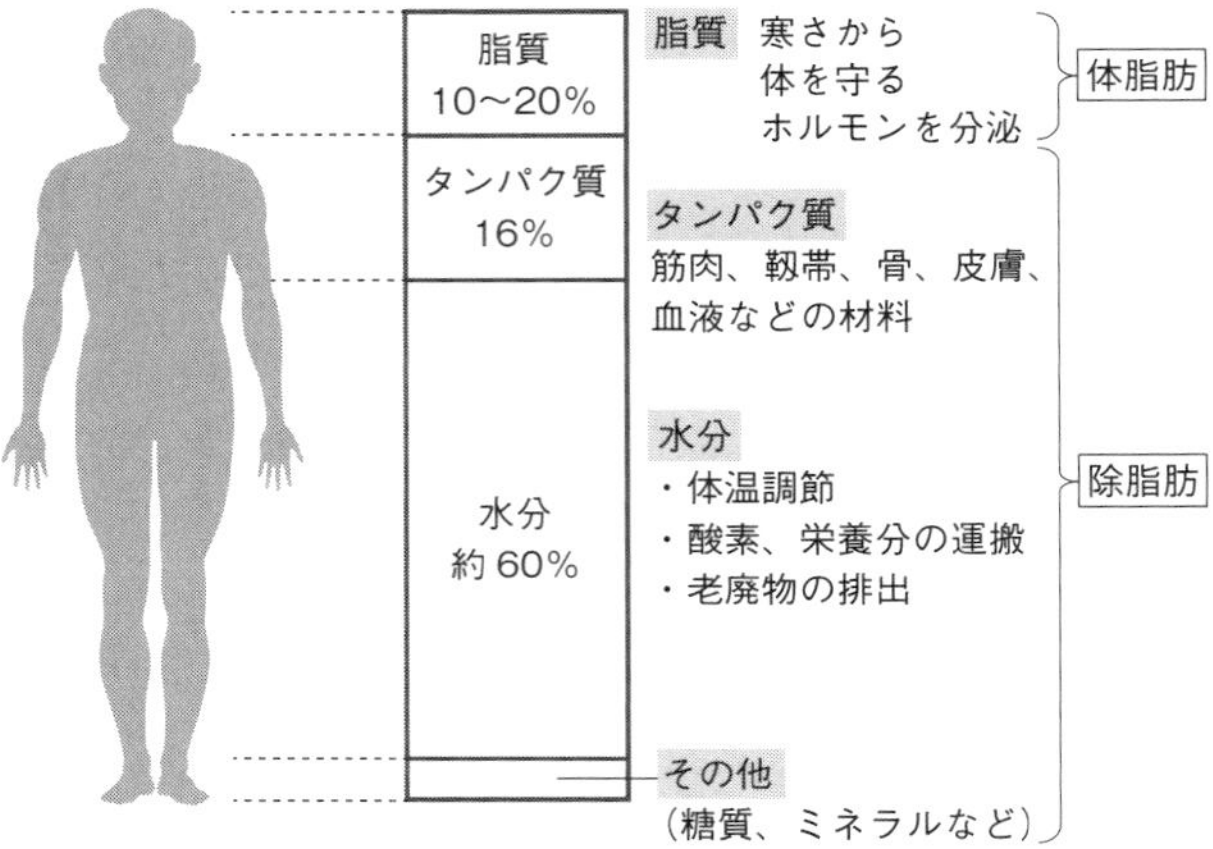

図4-2　ヒトの身体組成

般的な値であり、個人差はある。

　生理的な水分補給のサインは、喉の渇きである。一般的に健康な人では、体重の約1%の脱水によって喉の渇きを感じるといわれている。このことからも私たちは、身体の声に敏感になる必要がある。

　これらのことから、減量を行う時には、体脂肪量を減らすことが重要であり、水分を含む除脂肪量はなるべく減らしてはいけないことが想像できる。つまり、体重階級制競技のアスリートが行っている減量は、かなり特殊であり一般の人が真似できるものではないといえるであろう。

　では、一般人が減量を行うには、どうすればよいのであろうか。私はアスリートやチームが国際大会において勝つための相談を受けることが多い。その時に最初に確認するのは、「どんなパフォーマンスを目指しているのか」ということである。目指すパフォーマンスが明確であれば、計測すべきものが何であるかを示すことができる。つまり、パフォーマンスを実現するための身体や動きの状態を確認した上で、行うべきトレーニングと食事等の提言ができる。これはアスリートも一般の人も同様と考えてよいであろう。

その上で減量する時に最も気をつけるべき点は、以下の４点である。①何のために減量をするのか、十分に考えてから始める。その上で、②科学的な根拠を理解し、③自分に合った方法で無理をせず、④長期的な計画のもとで実施する。このように書くと漠然と難しく感じるかもしれないが、先に述べたように、これだけ食べれば痩せる、といった極端な食事制限などの情報に惑わされず、またハードすぎるアスリートの減量の真似をして脱水状態になるようなことを避け、自分の体の声をよく聞きながら実施するというシンプルなことかと思う。次項で一般人にも実行しやすい、私なりの提案をしてみたい。

アスリート研究から見た一般人のダイエット

最初に減量の目的を明確にしておくことは、成功への第一歩である。そのためには、まず自分の現状を知ることが大切であり、健康診断はその基本となる。身長、体重、体脂肪率、血圧、血液検査等、定期的に検診を受けて身体の状態を把握することから始める必要がある。もちろん、目的にはスポーツへの参加も含まれる。フルマラソンでサブスリー（3時間を切る）を達成する、ゴルフのハンディをシングルにする、スキーで検定に合格する、その他さまざまな目的があるだろう。どのスポーツをする場合でも、定期的な健康診断を受けることは、スポーツをする上でも基本となる。

家で毎日安価にできる計測は、体重測定、巻尺（メジャー）を使った周囲計測、脈拍測定、便や尿の色の識別等がある。

体重とあわせて確認したいのが、126ページでも紹介したBMI（体重（kg）÷［身長（m）×身長（m）］）である。世界保健機関（WHO）の基準では30以上を肥満と定義している。肥満の基準は国によって異なり、日本肥満学会では、18・5未満が「低体重（やせ）」、18・5以上25未満が「普通体重」、25以上が「肥満」となっている。肥満はその度合いによってさらに「肥満1度」から「肥満4度」に分類されている。

ただ、あくまで一つの目安であることも忘れてはいけない。なぜならば、身長と体重だけで割り出すBMIの値には、個別性が考慮されていない。つまり、身長が低く筋肉量の多い人は、BMIにおいて肥満となることもある。一般的にはそのようなことにはなりにくいが、アスリートや、ウエイトトレーニングを好んで行う人たちには、この傾向が強い。

体重と並び、安価で身体組成の変化を自ら確認できるものとして、メジャーを使った周囲計測がある。特に胴囲（ウエスト回り）の測定は、体脂肪の増減を確認するには適している。その理由を説明すると、腹腔には内臓、筋肉、脊柱、そして脂肪がある。基本的に内臓は一定量の重さを有し、大きさはほとんど変わらない。脊柱も同様である。腹筋群は、腹直筋、外腹斜筋、内腹斜筋、腹横筋の四層構造からなるが、肥大化しにくい種類の赤筋（遅筋ともいう）と呼ばれる筋肉が多い。つまり腹腔では、増減が大きいのは脂肪である。脂肪の量が減れば胴囲は小さくなり、増えれば胴囲は大きな値を示すことになる。

体重や脂肪の減少を目的とする減量では、よりエネルギー消費を高められる運動をすることが成功の秘訣となる。運動種目については、大きく分けて、筋肉に抵抗をかけるレジスタンス運動と有酸素運動がある。減量を目的とする時には、エネルギー消費量を多く確保することのできる有酸素運動を中心に行うのが良いであろう。有酸素運動には、ウォーキング、ジョギング、水泳、自転車エルゴメーター等がある。

前述の通り減量を成功させるためには、エネルギー消費量を多く確保する必要がある。そのため運動種目の強度が低ければ、長時間行う必要がある。一方、高強度で運動を行うレジスタンス運動の場合は、持続時間を長く保つことが難しくなる。ただ、高強度運動の場合は、運動後も脂肪燃焼が続き、運動は短時間でも総脂肪燃焼量はある程度多くなることが明らかになっている。そういった性質をふまえて、一般的に減量には、エネルギー消費量確保のために中強度で運動時間を長くすることがよいであろう。

まったく運動をしていなかった人が減量を始める場合は、ウォーキングから始めて実施時間を徐々に長くしていくことが望ましい。その後、ウォーキングの速度を速めて、同じ時間運動することで、エネルギー消費量は増大していくことになる。さらに、速度を速めてジョギングに移行し、同じ運動時間を確保できればエネルギー消費量は増大する。

一回の運動時間についても、これまでは継続して20分以上運動することが望ましいといわれていたが、一日のなかで数回に分けて運動をトータル20分行っても、効果は変わらないことが研究によって明らかになっている。つまり、減量には総運動時間の確保が必要であることが理解できる。ただ、いずれにしても、決して無理をしてはいけない。疲れたと感じたら休むことである。無理をすることで身体に障害を起こしたりストレスをかけたりすることは、運動の持続に大きな妨げとなることも忘れてはいけない。アスリート同様、運動・栄養・休養のバランスが大切である。

ところで、レジスタンス運動には、自分が気になる部分の筋肉を強化し、引き締める効果もある。そこで、有酸素運動とレジスタンス運動を組み合わせることで、効率的に理想的な身体を手に入れることができる。ただ、レジスタンス運動は、筋肉に負荷をかけるため、十分に回復する時間を与える必要がある。そのため、毎日行うのではなく適度に休息日を入れることが必要になる。つまり、週2～3回程度のレジスタンス運動を、毎日行う有酸素運動と組み合わせることで余分な脂肪を落とし、引き締まった身体を手に入れることができるのである。

ただ、運動はやめてしまうと元の体型に戻りやすい。ダイエットに大切なのは、やめそうになる自分を励まし、継続を促してくれるメンターのような存在を見つけることかもしれない。

第5章

アスリートと水分補給

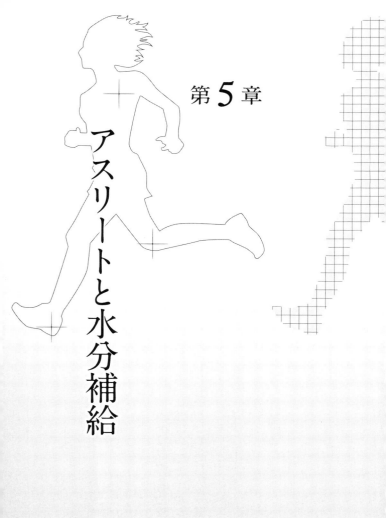

5-1 水分補給はスポーツの一部

体内で水分はどのように保たれるのか

人は一日にどれだけ水分を摂るだろうか。朝起きてコーヒーや紅茶を飲み、朝食をとりながらオレンジジュースや牛乳を飲む。昼食時には水やお茶を飲み、休憩で缶コーヒーやジュースを飲み、夕食でビール等の嗜好品をとっている。しかし、一日に自分がどれだけ水分を補給するべきで、実際はどれくらい摂れているのか、正しく把握している人は少ないであろう。

一方、多くの専門家は、適切な水分補給を行うことの重要性について言及している。水分補給と、生命維持、健康増進、身体的・精神的活動の維持、職場の安全と生産性などとの間に、科学的な相関関係があるとの結論を導き出している。

水分補給は多ければ多いほど良いというわけではない。なぜならば、基本的には失われた分を補うことが大切だからである。しかし、失われるものは水だけであろうか。自分の汗を舐《な》めたことのある人は、しょっぱいと感じただろう。それは、汗の成分としてナトリウム（Na）、マグネシウム（Mg）、カリウム（K）等の電解質（イオン）が含まれているからである。日常的に人

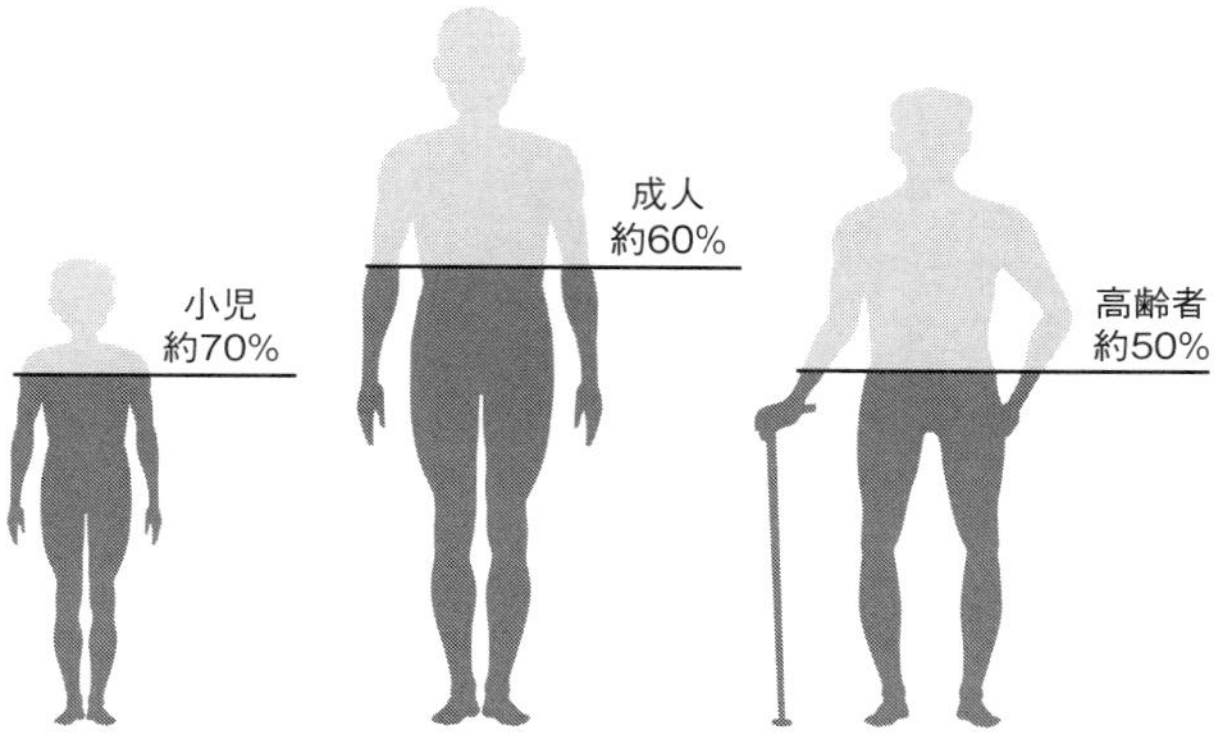

図5-1　体液の占める割合

は、汗、尿・便、皮膚からの蒸発、呼気などにより一日に約2・5ℓの水分を失っている。さらに、暑熱環境下といった特別な環境においては、生命維持のために体温調節として汗をかき、体内の熱を外に放散する。そのため、さらに体内の水分を失うことになる。これらの失われた水分を補給することが重要となる。

ところで、ヒトの身体の約60%は水分（体液）である（図4－2）。部位別でみると脳は約80%、血液は90%が水分である。ただ、水分量には年齢、性差、個人差がある。年齢別でみると小児は約70%、高齢者は約50%が水分量の割合となる（図5－1）。性差では成人男性で約60%、女性で約55%が水分である。さらに、体脂肪量によっても水分量に差がでることになる。その理由は、脂肪組織が他の組織に比べて水分量が少ないためである。逆に骨格筋には多くの水分が含まれているため、筋肉量の多い人は水分量が多くな

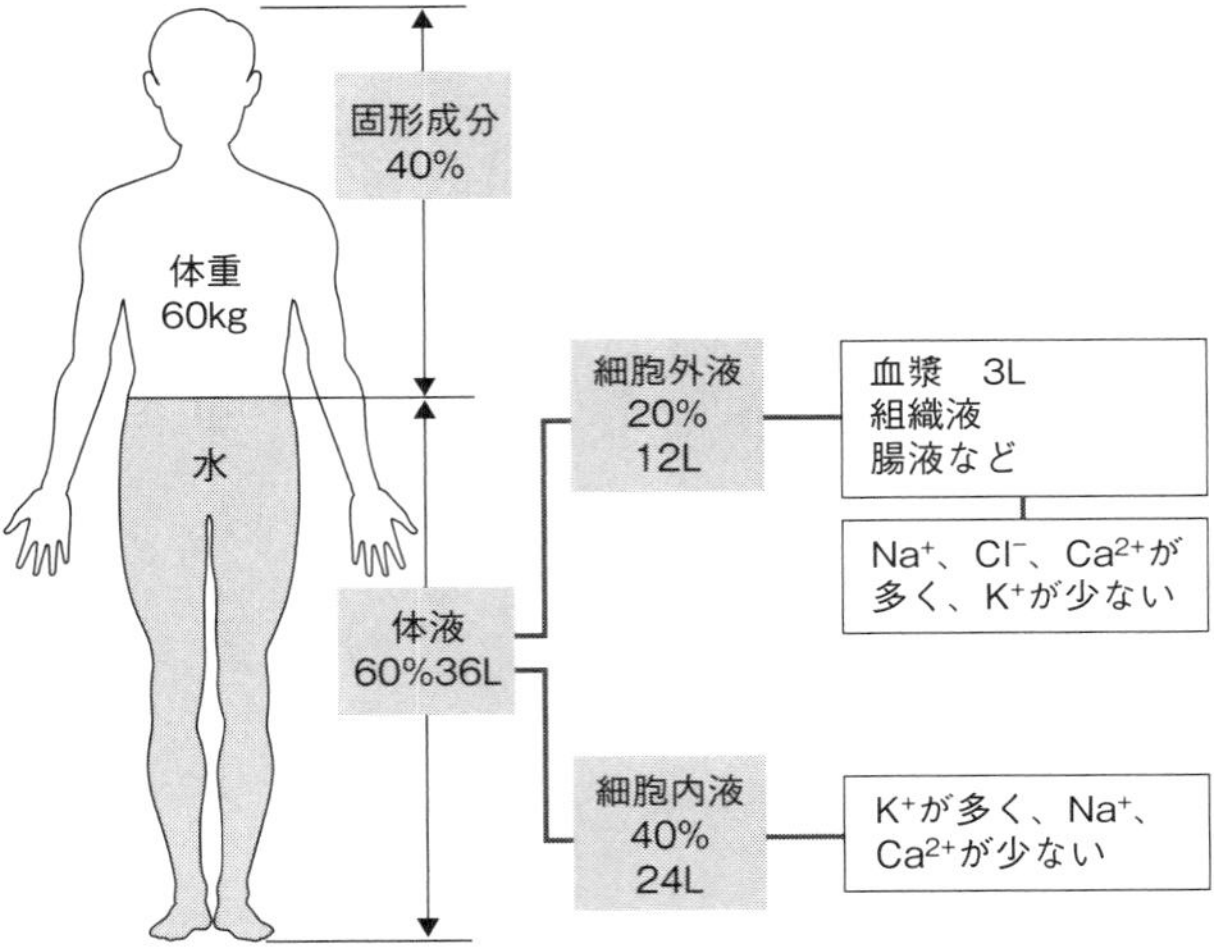

図5-2　体重60kgの人の体液の組成

る。つまり、多くのアスリートは、一般の人より身体内の水分が占める割合も多いといえるであろう。

また、水分（体液）は大きく細胞内液（40%）と細胞外液（20%）に分けることができ、その成分は水に電解質やタンパク質等の溶質が溶けた状態となっている。細胞内液はカリウムイオン（K^+）が主な成分で、pH7・0となっている。細胞外液は、ナトリウムイオン（Na^+）、塩化物イオン（Cl^-）が主成分でpH7・4である。この他、多くのイオンや輸送タンパク質が細胞内外にある（図5-2）。

厚生労働省と日本スポーツ協会は熱中症予防の水分補給として、0・1〜0・2%の食塩（100㎖中、40〜80㎎のナトリウム）と糖を含んだスポーツドリンク等を推奨してい

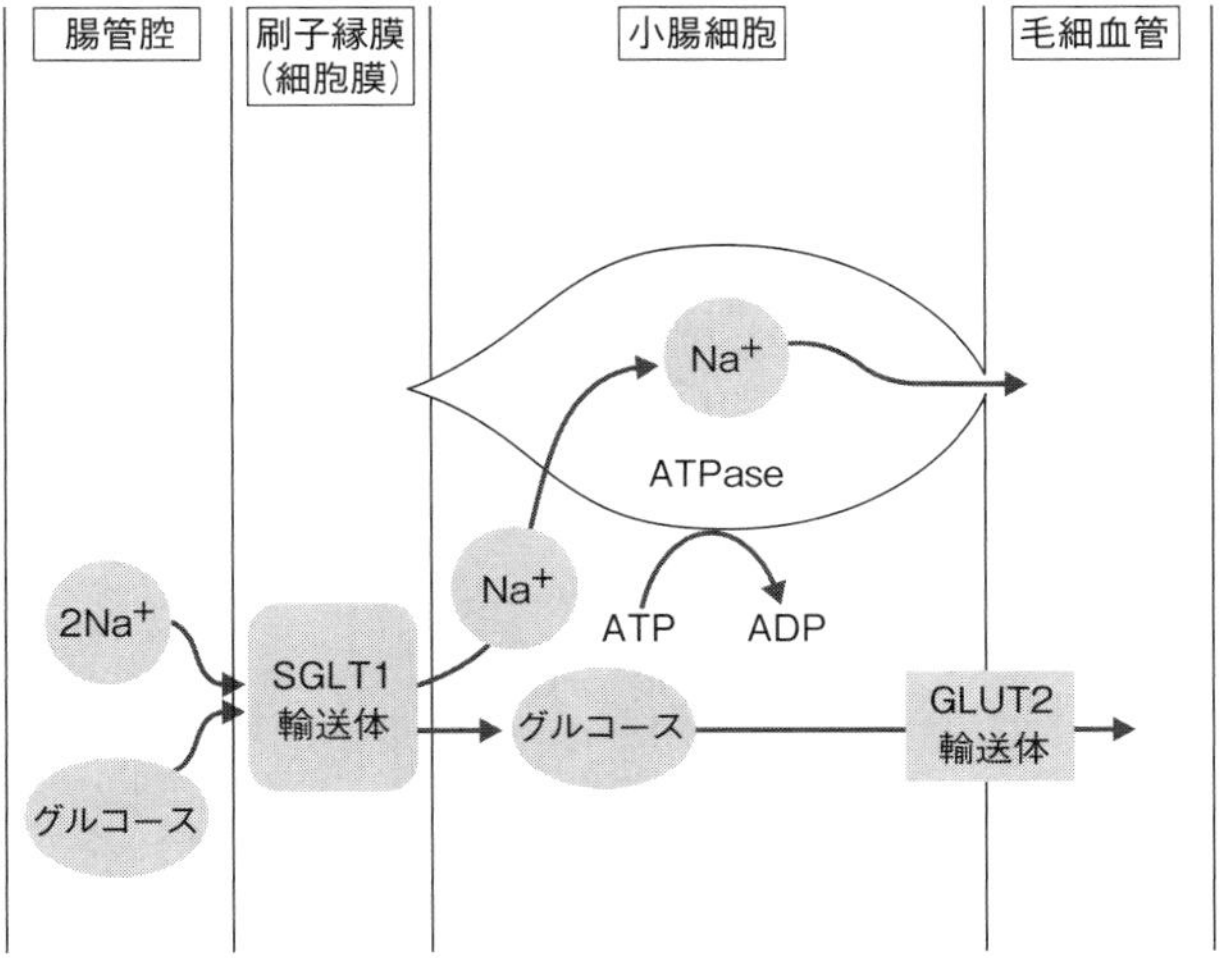

図5-3　小腸のナトリウム依存性糖輸送体
Ganong『医科生理学展望　第20版』、丸善、2002より改変

る。なぜ、糖を一緒に摂ると良いのか。一つは、エネルギー源としての糖質補給である。ただ、糖分が運動のパフォーマンス向上に効果的なのは、その運動が１時間を超える場合のみとなる。二つ目はナトリウムの吸収が、腸管腔内にグルコースがあることで促進されるからである。このメカニズムに関与しているのが、小腸のナトリウム依存性糖輸送体（SGLT1）である（図５－３）。つまり、適切な量のナトリウムと糖が入ったスポーツドリンクは効率的に水分補給ができることになる。さらに、飲料の温度にも気をつける必要がある。あまり冷たすぎない、15～21℃で水分吸収がいいというデータがある。

また、水分補給として水だけをとりすぎることには気をつける必要がある。ナトリウムを含まない飲料を摂取すると、血液中の水分は増加するがナトリウムは増加しないので、体液中のナトリウム濃度が低下する。それにより電解質のバランスが崩れ、いわゆる熱中症の症状が起こり、ひどい場合は生命の危険を伴うことになる。また、身体はこれ以上ナトリウム濃度を下げないようにしようとするため、無意識のうちに飲水しないようになり、さらに血液中の余分な水分を尿として排出し、水分量がなかなか回復できない状態である「自発的脱水」となってしまう。

また、水分補給という言葉に引っ張られすぎるのも危険である。健康維持に不可欠な定期的な食事を忘れてはいけない。食品の中には多くの水分が含まれている。ごはんは茶碗一杯150g中90gが水分、パンは一枚90g中34gが水分、麺類はゆでうどん一玉220g中183gが水分であり、主食の約40~80%は水分であるといえる。この他、野菜、果物、汁物にも水分は多く含まれている。さらに、食事には前述のナトリウムの他、多くの栄養素が含まれている。つまり、脱水を未然に防ぐためには、定期的な食事と積極的な水分補給が重要となる。

戦略としての水分補給

アスリートのパフォーマンスと安全性を良好に保つためには、競技や個人の水分補給についても、しっかり方針と計画を立てることが重要となる。学術的な言い方をすると、運動強度が代謝熱産生（栄養素がもつ結合エネルギーが変換されて熱をつくる）を決める主な要因と考えられている。つまり、運動中の水分損失量は、運動強度と運動時間による発汗量の結果ということになる。また、個人個人で発汗量には大きなばらつきがあるので、各競技の運動強度、運動持続時間のデータ分析と共に、個別差を考慮しながら総合的な水分補給計画を作ることが戦略の一つとなる。

表5－1は、練習と試合の内容に基づき、競技活動の水分摂取や環境、運動強度や脱水症のリスクを3区分（高、中、低）に分類し、競技別に示したものである。次節よりこの表に沿って、それぞれのスポーツについて解説していきたい。

5-2 チームスポーツの水分補給

チーム競技においては、水分摂取（運動中にどれくらい水分を摂ることができるか）には、タイムアウトを取るなど試合の中断時間が多いかどうかが関わってくる。サッカーやラグビーでは、練習では水分補給をする機会は多いが、試合ではルール上、中断により水分補給を十分に行うことができない。ただ、サッカーでは最近、科学的根拠に基づき、ルールを変更し試合途中に水分補給ができるようになってきている。

水分摂取（Availability of Fluid）

高：競技特性上、水分補給をする機会がたくさんある。

中：水分補給の機会は練習中、試合中の休憩（ブレーク）時に限定される。

低：競技特性、ルール、もしくは時間的制限によって水分摂取が限定的あるいは可能でない。

環境（Environment）

高：脱水症のリスクが高い環境条件。

中：環境条件が低温から暑熱まで範囲にばらつきがあり、脱水症のリスクを伴う可能性がある。

低：脱水症の脅威がない環境条件。

運動強度（Intensity）

高：運動強度が高く、多くの発汗量を伴い、脱水症になり得る可能性がある。

中：運動強度は中程度から高強度であり、多くの発汗量を伴い、脱水症に繋がるかもしれない。

低：運動強度は低く、多くの発汗量や脱水症に繋がりにくい。

脱水症のリスク（Hypohydration Risk）

高：発汗量、水分摂取、環境条件および運動強度を総合的に鑑みて、当該競技における脱水症のリスクは高い。

中：発汗量、水分摂取、環境条件および運動強度を総合的に鑑みて、当該競技における脱水症のリスクは中程度。

低：発汗量、水分摂取、環境条件および運動強度を総合的に鑑みて、当該競技における脱水症のリスクは低い。

		水分摂取		環境		運動強度		脱水症のリスク	
	競技	練習	試合	練習	試合	練習	試合	練習	試合
チーム競技	バスケットボール	高	高	低	低	中	中	低	低
	アイスホッケー	高	高	低	低	中	高	中	中
	アメリカンフットボール	高	高	中	中	中	高	中	中
	野球	高	高	中	中	低	低	低	低
	ソフトボール	高	高	中	中	低	低	低	低
	バレーボール	高	高	低	低	低	低	低	低
	サッカー	中	低	中	中	中	高	中	高
	ラクロス	高	高	中	中	中	中	中	中
	ラグビー	高	低	中	中	中	高	中	高
個人競技	テニス	高	中	中	中	高	高	中	中
	レスリング	高	高	中	中	高	高	高	低
	体操	高	高	低	低	中	低	低	低
	ランニング（1時間以内）	低	高	中	中	高	高	低	低
	ランニング（1-2時間）	低	高	中	中	中	中	中	中
	ランニング（2時間以上）	低	高	中	中	低	中	中	中
	自転車（1時間以内）	高	高	中	中	高	高	低	低
	自転車（2時間以上）	中	中	中	中	中	中	低	高
	水泳	高	高	低	低	高	高	低	低
	トライアスロン（2時間以内）								
	スイム	低	低	低	低	中	中	低	低
	バイク	中	高	中	中	中	中	低	低
	ラン	低	高	中	中	中	中	低	低
	トライアスロン（2-5時間）								
	スイム	低	低	低	低	中	中	低	低
	バイク	中	高	中	中	中	中	低	低
	ラン	低	高	中	中	中	中	低	低
	トライアスロン（5-9時間）								
	スイム	低	低	低	低	中	中	低	低
	バイク	中	高	中	中	中	中	中	中
	ラン	低	高	中	中	中	中	中	中
	トライアスロン（9時間以上）								
	スイム	低	低	低	低	中	中	低	低
	バイク	中	高	中	中	中	中	中	中
	ラン	低	高	中	中	中	中	中	中

表5-1　競技別脱水症を引き起こす要因とリスク
Belval et al., 2019

環境に関しては、屋外競技のほうが天候の影響も受けやすく、比較的厳しいものとなっていることが表5－1からもわかる。

運動強度に関しては、サッカーに見られるように、練習では中程度であるが試合では高強度と、練習と試合で差がある競技もある。試合のほうがより多くの発汗量を伴い、脱水症になり得る可能性が高くなるということを示している。そのため、水分補給の戦略を十分に考えて試合に臨むべきスポーツであることがわかる。

サッカー選手がピッチ上で飲むのは水のみ⁉

サッカーは45分ハーフで計90分間行う、比較的長時間に及ぶ競技といっていいであろう。その試合時間中の選手の動きに注目したいと思う。近年、サッカーの各組織委員会のウェブページ上には、ワールドカップの試合中における各代表チーム選手の走行距離が掲載されている。各国のプロフェッショナルリーグでも同様にウェブページ上にデータが細かく掲載され、日本のJリーグにおいても、毎試合トラッキングデータとして各選手の試合中の走行距離がアップされている。トラッキングデータとは、試合中の映像から選手、ボール、審判の動きを追尾し、データ化したものである。

2018年ワールドカップロシア大会において、一試合平均で最もよく走ったチームはドイツで10・23km（一人あたり）であった（日本は32位の8・36kmで最下位）。個人でみると、Ｊリーグのサガン鳥栖《とす》の高橋義希《よしき》選手が一試合14・58kmという驚異的な記録がある。このように運動強度が強くなるチームや選手では、水分補給対策は重要となる。

ただ、サッカーは走行距離を競う競技ではないことは明白である。前述のようにドイツは一番距離を走ったチームだが、予選リーグで敗退している。また、優勝したフランスは、一試合9・41kmで全出場32チーム中、17位であった。ちなみに、走行距離が最下位の日本はベスト16進出を果たしていた。そういったさまざまなデータも意識すると、勝敗とは別な楽しみ方もできる。

さて、そんなサッカーのアスリートたちはピッチ上で何を飲んでいるのだろうか。ゲームが中断されている時に、ピッチの周辺に置かれているスクイズボトル（軽量で、走りながらでも飲みやすいスポーツ用飲料ボトル）をゴールラインやタッチライン上で手にとっているアスリートたちを見かける。試合中よく観察すると、飲むというより、うがいをしたり頭からボトルの液体をかけたりしていることに気づくだろう。その中身は水である。ルールで規定され、試合中のピッチでは水しか飲めない。ただ、水だけでは塩分や栄養分等が不足するので、前半と後半の間にある15分のハーフタイムでは、スポーツドリンクやサプリメントなどをとることができる。

２０１６年に日本サッカー協会は「熱中症対策ガイドライン」を発表した。年々増していく日本の酷暑を考慮し、熱中症の指標である暑さ指数（Wet Bulb Globe Temperature：ＷＢＧＴ）

を基準として、過去5年間のデータに基づき策定されたものだ。WBGTとは、湿度、周辺の熱環境（熱射、輻射《ふくしゃ》など）、気温を取り入れた指標で、単位は気温と同じ℃で示されるものである。ガイドラインでは、特にWBGTが31℃（気温35℃相当）を超える場合は、試合を中止または延期することまで踏み込んでいる。その他、大会スケジュールの変更、屋根のない人工芝ピッチの使用の有無、大会会場への医師、看護師、BLS（一次救命処置）資格保持者のいずれかの常駐、ロッカールームにおけるクーラーの有無、育成年代でのダブルヘッダーの禁止等、細かな取り決めがなされている。

さらに、水分の補給に関する取り決めも細かく記載している。たとえば、ベンチ内でスポーツドリンクが飲める環境を整備すること、審判員や運営スタッフ用、緊急対応用に氷・スポーツドリンク・経口補水液を十分に準備すること、クーリングブレイクまたは飲水タイム（ウォーターブレイク）の準備をすること、などである。クーリングブレイクに関しては、2014年ワールドカップ（ブラジル大会）で導入されたものであり、選手と審判が試合中に3分間の中断を行い、日陰でスポーツドリンクなどが摂取でき、氷、アイスパック等で身体（頸部《けいぶ》・脇下・鼠径《そけい》部）を冷却することができるようになった。クーリングブレイクは、前後半1回ずつ、それぞれの半分の時間が経過した頃に設定されている。飲水タイムはクーリングブレイク以外に設定されており、必要に応じて水を飲むことができる。

サッカーでは年齢・性別によって、第1～4種と女子およびシニアの合計6種に種別を分けており、熱中症対策ガイドラインのクーリングブレイクや飲水タイムの水分補給において、種別ごとに細かく異なる設定をしている。

ラグビーの給水係の大きな役割

ラグビーではサッカーほど厳格に水分補給のルールが決まっていない。試合では40分ハーフで80分間行う競技である。サッカーとの違いの一つとして、グラウンドの周囲に水の入ったボトルは置かれていない。

この他、ルール上、レフリーは気温が非常に高い、または、湿度が高い天候の場合、給水のための中断（ウォーターブレイク）を与える権限を持っている。時間は1分間とし、各ハーフの中間あたりで、得点が得られた後、または、ボールがハーフウェイライン付近でデッドとなった場合、つまりボールがフィールド外に出るなど、ゲームが中断した状態になった場合に行う。

この時にグラウンドに給水ボトルを運ぶのが給水係である。給水係は、水とスポーツドリンクが入ったボトルをグラウンドに届ける。実は給水係は、ボトルを届けるだけではなく、監督またはヘッドコーチの指示を一緒にグラウンドに届ける役割も担っている。ルール上、監督やヘッドコーチはグラウンドに入れないため、スタンドにいてヘッドセットで給水係に指示を伝えているのである。

真夏の高校野球にみられる変化

全国高等学校野球選手権大会（通称夏の甲子園）は、いわずと知れた、１００回を超える歴史と伝統に基づく、日本で人気の高いイベントである。ただ、さまざまな物議を醸していることも事実である。投手の投球数、試合時間、そして炎天下での熱中症への配慮についてといった大きな問題をかかえている。１０１回目を迎えた２０１９年の大会では、延長戦では球審が試合を止めて水分補給をさせたり、足がつるなど症状のある選手に治療時間を取ったりという配慮も見られた。少しずつではあるが、科学と医学の知見が伝統競技にも浸透しつつあることが実感される事象であった。

また、高校野球において、あるいは他の屋外競技においても、観戦の際、観る側の飲水タイムも十分に気をつけることが必要である。

5-3 個人競技と水分補給

個人競技では運動強度や脱水症のリスク等の特徴が分かれることを、表５－１に示した。前述の通り、レスリングのように体重階級制の競技では減量を行うアスリートが多い。そのため、環境条件も比較的厳しくなり、運動強度も練習、試合ともに高い。しかし、脱水症のリスクは試合において低く、練習で高い。練習で高いのはやはり減量が関係していて、計量をパスするための減量で最終的に水分をカットする方法を使っている者が多いためである。

テニスのようにセットマッチ制の競技では、コートチェンジ休憩（90秒）、セット終了後の短時間の休憩（１２０秒）が与えられる。その間に水分補給や栄養補給を行うことができる。環境条件は行われる大会によって違うが、四大大会の一つ、全豪オープンは1月に開催される。南半球は真夏である。コートでは日玉焼きができるほどの暑さと、一時話題になった。しかもテニスは試合時間が長いことが知られている。２０１９年全仏オープンでは、優勝したラファエル・ナダル選手（スペイン）の1～4回戦の平均試合時間は2時間17分であった。ベスト8まで進んだ日本の錦織《にしこり》圭選手は、平均3時間20分である。ベスト4まで進んだノバク・ジョコビッチ選手（セルビア）は、平均1時間41分であり錦織選手の約半分である。運動強度が高いテニスで試合時間が長くなると、身体への影響が大きい。全豪オープンのような過酷な環境では特に、試合時間が長くなったときの脱水症のリスクを加味した、水分補給の戦略が必要になってくる。

この他、ランニング、自転車、トライアスロンなどは、競技時間により脱水症リスクが違ってくることも、表に示されている。

テニスの休憩中は何を飲んでいるのか

テニスはセットマッチ制の競技であり、シニアでは大きく3セットマッチ（2セット先取で勝ち）と5セットマッチ（3セット先取で勝ち）に分かれている。各セットはゲームに分かれており、奇数ゲームが終了すると、エンド（場所）の交代をし、この時に休憩となる。前述のようにそれぞれコートチェンジ休憩（90秒）、セット終了後の短時間の休憩（120秒）が与えられ、多くのアスリートは、水やスポーツドリンクを摂取している。

中盤から後半にかけての休憩では、バナナを食べているシーンを見かけることもある。糖分とカリウムが豊富なバナナは栄養補給に最適といえるであろう。腹持ちがいいともいわれる。また、カリウム不足は、神経伝達や筋肉の機能低下、そして心拍リズムの異常を引き起こす可能性があるので、補っておくと調子を整えるのに役立つこともある。この他、固形物としてエナジーゼリー、エナジーバーを摂取しているアスリートも多い。

体重階級制競技の減量はもっと楽にできる？

オーストラリア国立スポーツ研究所（Australian Institute of Sport：AIS）は、2013年にコンバットセンター（コンバットスポーツの選手の社会性を身につける教育をする機関）を設置した。コンバットスポーツとは、レスリング、柔道、ボクシング、テコンドーなどの一対一で対戦するコンタクトスポーツである。そこで外部研究員が行った、水分をたくさん摂取したときの身体への負荷を調べる、水量負荷の研究を紹介したい。

研究では、試合に向けて減量をしている選手が一日10ℓの水分補給を続け、尿の量を測定した。そして、試合前の計量の1日前に、水分摂取量を一気に減らしたところ、尿の量もそれに伴い減っていくと思われたが、10ℓを飲んでいる時と変わらない量が出るという驚くべき結果が得られたのである。そのためサウナを利用したり、エクササイズを追加したりしなくても、減量の最終段階である脱水ができることが明らかになった（第4章参照）。水の大量摂取には注意が必要だが、この結果を活用すれば、減量時のアスリートへの負荷を軽減できるというものである。

この理論はＡＩＳスポーツ栄養部門にとっても常識を覆すものであったが、データの正確性が確認されれば、今後その結果をふまえた減量法が取り入れられるだろう。

5-4 陸上競技の種目別脱水リスク

２０１９年世界陸上ドーハ大会は、脱水による多くの棄権者を出したことで話題になった。これも水分補給が大きく絡んでいるといっていいだろう。

陸上競技は種目が細かく分かれている。東京2020オリンピックでは33競技339種目が実施され、そのうち陸上競技は48種目である。2019年世界陸上では49種目が実施された。その中で、棄権者が多かったのは長距離種目である（182ページ参照）。当然、長距離ほど水分補給に関する準備が必要である。良いパフォーマンスに繋がるよう、試合中やトレーニング中のレース展開を想定して、予想される水分損失量に基づく水分補給のために、各国、各チームが知恵を結集させているはずだが、それでも暑さがあまりに過酷だったということであろう。

陸上競技の種目別脱水リスクを表5－2に示した。

低脱水リスクの種目には、ジャンプ系、スローイング系、スプリント系、マルチイベント系が挙げられる。これらの種目の特徴は、試技と休憩を繰り返しながら試合が進んでいくことである。トレーニングも連続的なものは少なく、試合同様に試技と休憩を繰り返すことが多い。

中程度の脱水リスクの種目には、中距離走がある。距離は800～1万m、試合時間は2～30分となり、試合中に脱水状態になる可能性は低いが、日々のトレーニングにおいては、試合の距離より多く走ったり負荷をかけたりするため、比較的高い発汗量を伴い脱水の可能性は上がる。

高脱水リスク種目としては、長距離走（マラソン）、競歩などが挙げられる。通常、体重が2％（体重60kgの場合1・2kg）以上減少すると、パフォーマンスは低下するといわれている。これらの種目の中には、大会後この数値をはるかに超えて体重が減少し、そのほとんどが脱水が原

競技種目	発汗量*1		水分摂取		脱水リスク		パフォーマンスへの影響	
	練習	試合	練習	試合	練習	試合	練習	試合
ジャンプ系競技（走高跳、走幅跳、三段跳、棒高跳）	中	低	高	高	低	低*2	低	低
スローイング系競技（砲丸投、やり投、円盤投）	中	低	高	高	低	低	低	低
スプリント系競技（＜800m）	中	低	高	高	低	低	低	低
中距離走（800m～10km）	高	低	中	低	中	低	中	高
長距離走／競歩（＞10km）	高	高	低	低	高	高	高	高
マルチイベント系（10種競技、7種競技）	高	中	高	高	低	低	低	低

表5-2　陸上競技の脱水リスク
*1発汗率、発汗時間　*2自発的脱水と推測
Cass et al., 2019

因であった事例が多く報告されている。

さらに、脱水の影響は身体的なものだけではない。脱水による脳機能への潜在的な影響は、集中力や動機付け、気分状態にまで及び、そのためパフォーマンスが低下する可能性がある。

マラソンや競歩は給水場所も重要

それでは、アスリートは、マラソンでのレース中に何を飲んでいるのであろうか。日本陸連の競技規則によれば、スタートとフィニッシュ地点には、水、その他の飲食物を用意することになっている。給水については5㎞間隔で給水所を設け、10㎞を超える種目では水以外の飲食物も提供できることになっている。さらに、種目特性、気象条件、競技者の健康状況にも配慮し、必要が認められた場合、一定間隔で既存のルール以上の水や飲食物の供給所を設けることができるようになっている。

また、アスリートは自分で飲食物を用意することもできる。ただ、事前にどの場所で受け取るかの指定が必要となる。サポートスタッフが渡す場合は、その指定場所にとどまるものとされる。次に述べる箱根駅伝などは、伴走して手渡すことができるが、マラソンではそれができない。この辺りは、細かくルール化されている。若干の違いはあるが、競歩もマラソンとほぼ同様の給水等のルールとなっている。

多くのアスリートは市販のスポーツドリンクを自分の好みの濃さに薄めたり、何種類か混ぜ合わせたり、氷を入れたり、さまざまな工夫をしてスペシャルドリンクを作っている。中には2本のボトルを首から下げ、それぞれを飲み分ける者も現れている。もちろん、レースで使うために練習で試行錯誤を繰り返し、何度も改良を加えた方法である。ただ、これまで述べてきたように、脱水予防としての水分補給で大切なことは、汗に含まれる主要な電解質と同等の電解質の摂取であり、それは主にナトリウムイオンである。市販のドリンクを選ぶ時には成分表のナトリウム量に着目してほしい。

箱根駅伝、オリジナルドリンクはNG⁉

日本には正月の名物として人気の箱根駅伝がある。大手町から箱根・芦ノ湖間の往路5区（107・5㎞）、復路5区（109・6㎞）の合計10区（217・1㎞）を、20の大学と学生連合チームで競い合う駅伝レースであり、一人20㎞強の距離を走る。

給水のルールに関しては、1区と6区では給水できないことになっている。これはいずれも往路と復路のスタート区間のためである。箱根駅伝の給水は、マラソンや競歩のように給水場は設けていない。給水の方法は、チームの給水員による定点給水（走りながらのボトルの受け渡し）のみ許可されており、各区間10㎞と15㎞（9区は14・4㎞）地点付近での給水が可能となっている。なお、5区に関してだけは、道の幅が狭いところが多く、その関係で7・1㎞と15・8㎞の2ヵ所での給水となっている。

ドリンクの中身はというと、主催者である関東学生陸上競技連盟が用意した水とスポーツドリンクのみが、給水に使用できることになっている。これらは、東京箱根間往復大学駅伝競走給水要領に詳細に記載されている。

このようにマラソン、競歩、そして駅伝と、いずれも給水が重要なことに変わりはないが、摂取するものや摂取方法がそれぞれ違うことも興味深いことである。

5-5 なぜ水分補給には注意が必要なのか

水分状態のチェック

より良いパフォーマンスの発揮には、正しく水分補給するよう注意を払うことが不可欠である。すなわち、運動前には体水分量が正常であるかどうかの確認をして適切に水分補給を行う、運動中には水分不足にならないように補う、運動後にも速やかに水分補給をすることを忘れてはならず、それはアスリートだけでなく一般人が運動をするときにもぜひ意識してほしいことである。ちなみに、どの競技も実施前・中・後、それぞれの段階で、また試合や練習以外の日常の水分の摂り方まで、アスリートおよびチームに関わるスポーツ科学やスポーツ医学のスタッフが確認しているため、選手は安心してトレーニングと試合に臨むことができる。

水分補給に関してはチームの取り組み以外でも、アスリートが個人的に意識したほうがいいことがある。陸上競技に関する多くの研究から導かれた、水分補給状態を把握するための指標である。一つ目は体重の減少、二つ目は尿の色（暗い色）、三つ目は喉の渇きである。

二つ目の尿の色に関しては、ＩＯＣが「Nutrition for Athletes」というスポーツ栄養に関する声明で、脱水状態を尿の色で識別できるようにカラーチャートを掲載している。それに基づき、アスリート、コーチ、そして医学・科学のスタッフは、暑熱環境下での尿チェックを行い、脱水の予防に利用できる。脱水状態では、腎臓のはたらきにより尿の水分量が減少しているため色が濃くなる。ただ、色が濃い原因はそれだけとは限らない。ビタミン入りのサプリメント、ドリンク、薬を摂取すると尿は黄色くなる。

話を戻すと、三つの指標のうち、二つに相当する症状が見受けられる時には、脱水の可能性が高い。さらに、脱水の原因となる発汗は、身長、体重、運動強度、そして環境によって各自異なる。三つの指標と各自の発汗状態とを総合的に判断できるように、自分の体の状態を把握しておきたい。この方法は、他の競技のアスリートや一般のランナーおよびスポーツ愛好家にも取り入れやすい。起床時に毎日チェックして、三つの指標のうち二つ以上いつもと違う場合は、脱水の注意が必要である。

一方で、スポーツ中に水分を過剰摂取することも問題である。過剰な水分補給、特にナトリウムなどのミネラルを含まない水分ばかりを補給することにより、血中のナトリウム濃度が非常に低い状態に陥る。それにより起こる低ナトリウム血症には注意が必要である。症状としては、動作や反応が緩慢になり錯乱がみられるようになる。

汗の成分は人によって違う!?

適切な水分補給には、水の量を補うだけでなく、失われた成分を補うことが大切であることを述べてきた。そのためには、摂取しているものと排出しているもののモニタリングが不可欠となる。特に、身体における電解質の出入りを把握することは、重要となる。

アメリカのコネチカット大学にあるコリーストリンガー研究所（Korey Stringer Institute：KSI）では、電解質のモニタリング方法として「全身のウォッシュダウンテスト」という方法を使っている。ウォッシュダウンとは、以下のようなプロセスで身体に出入りする電解質を漏れなく測定する方法である。

まず、対象となるアスリートは、ウォッシュダウンテストを行う24時間前からすべての食事と水分の摂取記録をとり、栄養ソフトで解析する。そして排出物として、同じく24時間前からすべての尿を採取する。実施にあたっては、運動中に汗から失う電解質を正確に把握するために、環境制御室で実際の試合をシミュレーションした運動を約1時間行う。汗はタオルで必ず拭き取り、床に落ちないようにする。運動終了後、アスリートは大きなビニールをひいたバスタブに入って全身の汗を蒸留水で洗い流す。さらに運動中に着ていた衣服とタオルについた汗も測定の対象とする。これらの手順で収集した尿と汗から電解質の濃度を解析する。

ＫＳＩは、これまでの研究から汗の成分の基準値を、ナトリウムは０・12ｇ／ℓ、カリウムは０・12〜０・59ｇ／ℓ、塩化物は１４０３〜５９９１mg／ℓと設定している。この基準値を基に、測定したアスリートの値を比較してフィードバックしている。基準値は設けているものの、アスリートのナトリウムのバランスは個人差が大きいということが明確になっているので、選手が試合中に何を飲むべきかは、その個別性を重視したプランを提供している。

現在、ＫＳＩの提言を受け、日本でもトレーニングおよび試合時におけるアスリートごとの汗に関する分析を行い、解析結果に基づいて飲む飲料の成分を変える試みが行われている。その結果として選手が摂取する個別の飲料が、東京オリンピックにおいてアスリートが獲得するメダルに少なからず寄与する可能性もある。

スポーツドリンクも進化していく

箱根駅伝のように、途中で摂る栄養・水分が限られている競技もあれば、マラソンのようにオリジナルのものを準備できる競技もある。オリジナルが許される競技では、いいパフォーマンスを出すために、さまざまな商品の情報を集めたり、自分に合うかを研究、調整したりすることも、勝負の一環として重要であろう。

その中で最近注目されているドリンクがある。それは、スウェーデンで開発された「モルテン（MAURTEN）ドリンク」である。世界トップレベルのランナーたち、その中でも男子マラソン世界記録保持者（2020年3月現在）のケニアのエリウド・キプチョゲ選手が飲んでいたことで話題になり、東京オリンピック予選の一つであるマラソングランドチャンピオンシップ（MGC）の優勝ランナーの中村匠吾《しょうご》選手が普段の練習から使用していたこと、2019年箱根駅伝優勝校である東海大学の選手たちがスタート前に使っていたということで、脚光を浴びた。

モルテンの特徴は、ハイドロゲルテクノロジーという技術により、ドリンクを固形化（カプセル化）したことである。口と胃の中のpH（口は7、胃は1〜2）の違いを利用して、胃を速やかに通過させ、腸で吸収させる仕組みである。成分には、従来のスポーツドリンクの3倍の糖質が含まれている。水分補給というよりは、体内にエネルギー源となるグリコーゲンを貯める手法である、カーボローディングの一種と捉えた方が良いかもしれない。

このような製品は、今後も開発されるであろう。ただ、こういった栄養補給の製品を取り入れるときに忘れてはならないことが三つある。一つは、身体に安全で安心して使えるかの確認である。アスリートの場合は、アンチ・ドーピングの問題もこの部分に含まれる。二つ目は自分に合ったものを使うことである。嗜好も含めて個別差は大切な観点である。そして三つ目は製品を正しく活用するためにも、スポーツ科学やスポーツ医学の知識を入れておくことである。この三つに関しては、アスリートだけでなくコーチやサポートスタッフも同様であるし、一般の方にも、ぜひ参考にしてほしいと思う。

コンディショニングという概念

東京２０２０オリンピック・パラリンピックは、ハード面でもソフト面でも多くのレガシー（遺産）をさまざまな形で残していくことは間違いない。私はソフト面でのレガシーとして、「コンディショニング」という概念が、注目されていくことになると考えている。コンディショニングとは、パフォーマンスを最大限に発揮するために、体調を整えることである。アスリートでなくても、ジムに通っている人などは耳にする機会もあるかと思う。

身体の水分を適切な状態に維持することは、コンディショニングの最も重要なポイントの一つである。そして、水分補給はアスリートだけでなく、すべての人にとって日常的に大切であることはいうまでもない。

水分補給をはじめ、さまざまな面から身体の状態を整えていくコンディショニングの取り組みは、オリンピックを機会に強化が進んでいるが、今後もすべての人が、健康のためにも意識して行うものになっていくであろう。

第6章

環境とパフォーマンスの科学

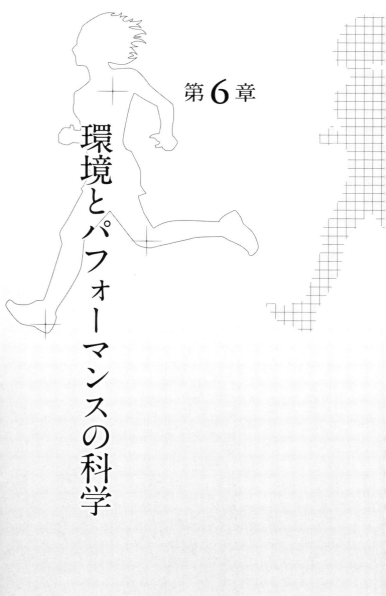

6-1 暑さのなかでパフォーマンスを発揮する

スポーツと熱中症対策

最近の気候変動は局地的な豪雨、突風、竜巻、台風等を発生させ、世界中で被害が広がっている。この要因の一つと考えられているのが地球温暖化である。さらに、ヒートアイランド現象は地球温暖化と相まって熱ストレスを増大させ、生命に関わる事象の要因ともなっている。私たちは、地球規模での大きな環境の変化に直面している。スポーツへの影響も決して少なくはない。ここでは、安全に、安心してスポーツを行うために、暑さという観点で話を進めてみたい。

暑熱環境下でのスポーツは、スポーツをする人だけでなく、その周りでサポートするスタッフや観客も注意が必要である。特に熱中症に関しては、正しい知識のもと、工夫して対策をするべきである。

熱中症は、病態の種類で、熱失神、熱けいれん、熱疲労、熱射病に分けることができる。熱失神は、炎天下で長時間立っているときなどに血流が下肢に貯留し、脈拍が速く弱くなるもので、顔面蒼白《そうはく》、めまいや失神（一過性の意識喪失）といった症状がある。熱けいれんでは、高温下で大量の発汗により塩分が失われた結果、手足がつる、筋肉が痛みを伴ってけいれんする、といったことが起こる。症状が進むと、発汗による脱水と皮膚血管の拡張による循環不全の状態から熱疲労となり、全身の倦怠《けんたい》感、悪心・嘔吐《おうと》、頭痛といった症状や、集中力・判断力の低下がみられる。重症化すると熱射病となり、異常に体温が上昇し、意識障害がみられ、呼びかけや刺激への反応がにぶい、言動がおかしいといった状態へ、さらに進行した場合、昏睡状態になり、多臓器不全を併発するなど危険な状態になることがある。

前章でも紹介したが、熱中症予防を目的としてアメリカで提案された、暑さ指数（ＷＢＧＴ）という温度指標がある。暑さや寒さに関係する環境因子は、乾球温度（気温）、湿球温度（湿度）、黒球温度（輻射熱）、気流の四つである。ＷＢＧＴはそのうち湿度、輻射熱などの熱環境、気温の3要素から算出される指標であるが、湿度と輻射熱は気流にも影響される。

日本では、夏場にも多くのスポーツイベントが行われる。代表的なものとしては、甲子園大会を中心とした高校野球や全国高等学校総合体育大会（インターハイ）、大学生の学生選手権大会（インカレ）がある。さらに、東京オリンピック・パラリンピックも暑い季節での開催である。安全にスポーツを楽しむためには、熱中症などの事故を未然に防ぐことが大切となる。全米アスレティックトレーナーズ協会とアメリカスポーツ医学会は、ＷＢＧＴが24℃を超えたら練習や試合を調節するためのガイドラインを示している。我が国においても日本スポーツ協会が熱中症対

WBGT（暑さ指数）	気温（乾球温度）	熱中症予防運動指針	
31℃以上	35℃以上	**運動は原則中止**	特別の場合以外は運動を中止する。特に子どもの場合には中止すべき。
28～31℃	31～35℃	**厳重警戒** （激しい運動は中止）	熱中症の危険性が高いので、激しい運動や持久走など体温が上昇しやすい運動は避ける。 10～20分おきに休憩をとり水分・塩分を補給する。 暑さに弱い人※は運動を軽減または中止。
25～28℃	28～31℃	**警戒** （積極的に休憩）	熱中症の危険が増すので、積極的に休憩をとり適宜、水分・塩分を補給する。 激しい運動では、30分おきくらいに休憩をとる。
21～25℃	24～28℃	**注意** （積極的に水分補給）	熱中症による死亡事故が発生する可能性がある。 熱中症の兆候に注意するとともに、運動の合間に積極的に水分・塩分を補給する。
21℃未満	24℃未満	**ほぼ安全** （適宜水分補給）	通常は熱中症の危険は小さいが、適宜水分・塩分の補給は必要である。 市民マラソンなどではこの条件でも熱中症が発生するので注意。

※ 暑さに弱い人：体力の低い人、肥満の人や暑さに慣れていない人など

表6-1　熱中症予防に関する運動の指針

（公財）日本スポーツ協会「スポーツ活動中の熱中症予防ガイドブック」（2019）より改変

策を示している。

日本スポーツ協会は「スポーツ活動中の熱中症予防ガイドブック」において、熱中症予防の5ヵ条について以下のように示している。

1. 暑いとき、無理な運動は事故のもと
2. 急な暑さに要注意
3. 失われる水と塩分を取り戻そう
4. 薄着スタイルでさわやかに
5. 体調不良は事故のもと

詳細については、日本スポーツ協会のウェブページhttps://www.japan-sports.or.jp/publish/tabid776.html#guide01を参照されたい。

また、日本スポーツ協会と日本生気象学会は、「熱中症予防運動指針」（表6－1）と「日常生活における熱中症予防指針」を、それぞれ発行している。これらの指針は猛暑の夏場にスポーツをする人だけでなく、野外で観戦をする人、公園で遊ぶ親子、そして外で作業をする職種の方々も一つの目安として参考にすると良いであろう。

暑さのなかで記録は伸びるのか

東京2020オリンピック・パラリンピックは、史上最も過酷な暑熱環境での競い合いが予想されている。そこで日本をはじめ多くの国で対策が考えられている。

ご存じの通り、陸上の男女マラソン・競歩全5種目の開催場所が東京から北海道の札幌へと変更された。この背景については、IOC、東京オリンピック・パラリンピック組織委員会、世界陸連によると、アスリートの安全面から今回の決定に至ったということである。

変更の根拠となったデータは、2019年世界陸上（ドーハ）であった（表6－2）。中でも9月27日に実施された女子マラソンにおいて、68名の選手が参加し、40名しか完走できなかった。さらに途中棄権28名のうち、16名が中間地点まで到達しなかった。また、完走者も含めて39名が医療テントに運ばれた。なお、女子マラソン優勝者のタイムは、自己ベストより15分遅く、2時間40分以内で完走したのは優勝者を含む7名のみであった。

また、男女マラソン・競歩全5種目の記録において、過去3大会と比較して、シーズンベストの数が16と非常に少なかった（2017年ロンドン大会では84、2015年北京大会では45、2013年モスクワ大会では76であった）。記録が伸びなかった要因として、IOCは暑熱環境を挙げている。

女子マラソン（8月2日6時スタートの場合）

	スタート時		1時間後		2時間後	
	気温	WBGT	気温	WBGT	気温	WBGT
ドーハ	32.9°C	29.8°C	―	―	31.3°C*	29.2°C*
東京	25.6°C	25°C	26.5°C	25.9°C	28.1°C	27.5°C
札幌	21.9°C	20.9°C	23.2°C	23.1°C	25°C	24.2°C

男子マラソン（8月9日6時スタートの場合）

	スタート時		1時間後		2時間後	
	気温	WBGT	気温	WBGT	気温	WBGT
ドーハ	30.2°C	24.2°C	―	―	29.1°C*	23.1°C*
東京	26.4°C	24.9°C	27.3°C	26.5°C	28.7°C	27.6°C
札幌	21.4°C	19.8°C	22°C	20.2°C	22.3°C	20.8°C

男子50キロメートル競歩（8月8日5時30分スタートの場合）

	スタート30分前		1時間後		2時間後		3時間後		4時間後	
	気温	WBGT	気温	WBGT	気温	WBGT	気温	WBGT	気温	WBGT
ドーハ	32°C	29.1°C	―	―	―	―	―	―	30.3°C*	28.2°C*
東京	25.7°C	24.2°C	26°C	24.8°C	26.6°C	25.7°C	26.6°C	25.9°C	27.3°C	26.3°C
札幌	21.3°C	19.4°C	21.4°C	19.9°C	22.3°C	21.4°C	23.4°C	22.5°C	24.5°C	22.9°C

表6-2　ドーハ、東京、札幌の暑さ比較

*ゴール時

※WBGTは暑さ指数

※東京と札幌の値は過去５年間の平均で、ドーハは世界陸上2019の時のもの。

2019年10月28日オリンピック・パラリンピック及びラグビーワールドカップ推進対策特別委員会資料より作成

環境温度とパフォーマンスの関係をみた研究（Parkin, 1999）では、環境温度の高い方が環境温度の低い場合と比べて、身体内部の深部体温（直腸温）と筋肉の温度も高くなり、過度に高くなると、運動の継続可能時間は大幅に短くなり、運動能力の低下を引き起こすことが明らかになっている。さらに、環境温度が高い中での運動は、深部体温の上昇だけでなく、脱水、心臓血管系へのストレス増加といった、さまざまな要因でパフォーマンスが低下する。

運動前のウォーミングアップは、身体の深部体温が適度に上昇した状態になり、パフォーマンスの向上に繋がる。ところが、過度に深部体温が上昇することは、逆にパフォーマンスが下がることに繋がるため、過剰なウォーミングアップも避けなければならないのである。通常と異なる環境温度の中では、アスリートとコーチは、微妙な変化を見逃さずにウォーミングアップに臨む必要がある。

身体の深部体温を下げる方法

① 暑熱順化でパフォーマンスを上げる

暑熱環境下で運動することにより深部体温が過度に上昇すると、脳血流量や認知機能など中枢神経にも直接作用し、代謝機能、心臓血管機能を低下させ、水分バランスを崩す。そして疲労や持久性パフォーマンスの低下を引き起こし、場合によっては熱中症に繋がる。ここでは深部体温

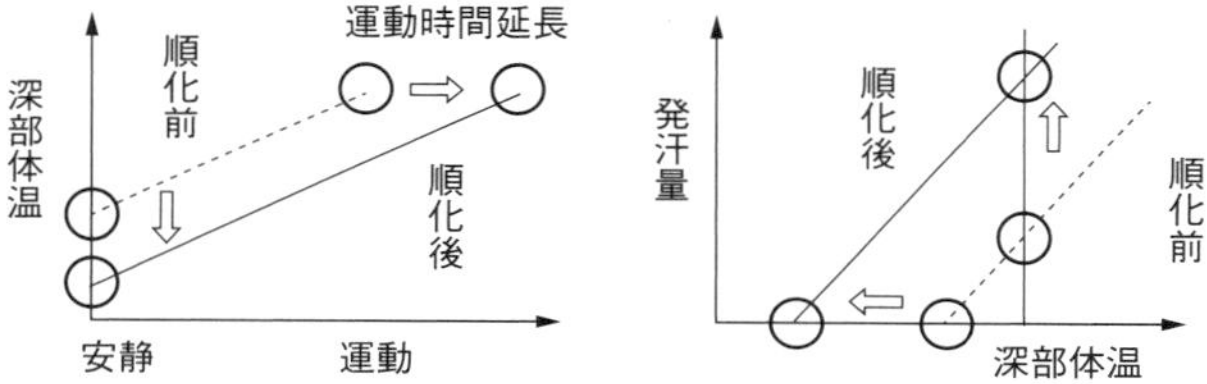

図6-1　暑熱順化による深部体温の変化（左）と発汗量の変化（右）
JISS「競技者のための暑熱対策ガイドブック」2017より

を下げる具体的な方法について紹介したい。

　暑熱環境に身体を適応させる「暑熱順化」という方法がある。暑熱順化では、人工的に暑い環境を作り、その中で運動を行う（気温が高いときには、自然の環境のなかで行う）。運動量は、最初は負荷を落としたところから始め、徐々に負荷を上げ、身体を慣れさせていく。一般的に５日間程度で順化できるが、アスリートが適切なパフォーマンスを発揮するためには、７～10日程度必要であると報告されている。

　暑熱順化では発汗などの熱放散反応を刺激するために、体温や皮膚温を上昇させる。具体的には、暑い環境下で、中～強度運動を60～１００分前後行うことで、深部体温を１℃以上上昇させることが必要となる。また、順化中は発汗量が増えるため、積極的に水分補給をすることが求められる。

　図６－１で暑熱順化の効果を見ると、左図から、安静時の深部体温が低下し、運動継続可能時間が長くなっていることがわかる。右の図からは、発汗開始時の深部体温が低下していて、熱放散能力が

向上していることが読み取れる。また、皮膚血流量の増加、血漿量の増加、さらに、持久性能力の指標でもある最大酸素摂取量の増加も見られ、パフォーマンスに好影響を与える可能性が高くなる。

② アイススラリーとアイスベスト

運動前に深部体温を下げることをプレクーリングという。運動の種類には、持久力を要する持久系（有酸素系）の運動と、瞬間に力を発揮する高強度系（レジスタンス系）の運動がある。

暑熱環境の影響は、持久系の運動では受けやすく、高強度系運動では受けにくい傾向にある。そのため、持久系の運動をする場合は、始める前に深部体温を低下させることが有効であることが明らかになっている。また、これまでの研究結果からいって、効果的なプレクーリングとは筋温を過度に低下させずに、深部体温を低下させることである。そのために、暑熱順化も効果的であるし、アイススラリーを摂取するという方法もある。

アイススラリーとは、小さく砕いた氷を液体に混ぜてシャーベット状の飲料にしたものである。氷より流動性があるため飲みやすく、身体に浸透しやすいため、冷却効果も高いといわれている。自分で作る場合は、氷とスポーツドリンクを６：４の割合で、市販のミキサーに入れてシャーベットにする。スポーツドリンクによって割合を変えて、糖度を調整しても良いであろう。

量の目安は、体重1kgあたり7・5g（70kgのアスリートなら525g）である。摂取量は多めなので、胃腸を含めた身体への影響を考慮しながら、数回に分けてとるなどするとよい。スポーツによってはプレクーリングだけでなく、試合中にとることもできるが、本番で初めて使うのではなく、適度に深部体温を下げるためにも普段の練習から何度もシミュレーションを繰り返して、自分に合ったアイススラリーの摂取法を把握しておくことをおすすめする。

野球、ソフトボール、マラソン、競歩、ラグビー、サッカー、テニス等は、試合中の給水タイミングにおいて、アイススラリーを摂取することが効果的である。テニスを対象として行った研究では、アイススラリーを摂取した場合、水と比較して2セット目以降の深部体温の上昇をより抑えられることが報告されている（図6‐2）。この時のアイススラリーの摂取状況は、休憩ごとに体重1kgあたり1・25g（70kgのアスリートの場合87・5g）であり、運動の種類により摂取量の目安は変わってくると思われる。また、試合やトレーニング後に上昇した深部体温を速やかに下げるためにも、アイススラリーの摂取は有効であろう。

身体を冷却する方法として、アイスベストを着用する方法もある。アイスベストは、1996年のアトランタオリンピックにおいて、オーストラリアのボートチームが最初に使ったといわれており、その後、多くの国や競技種目で使われている。保冷剤をベストのポケットに入れ、一定時間冷却効果を保てるようにしたもので、一般的には、バックルとベルトでフィット感を調整で

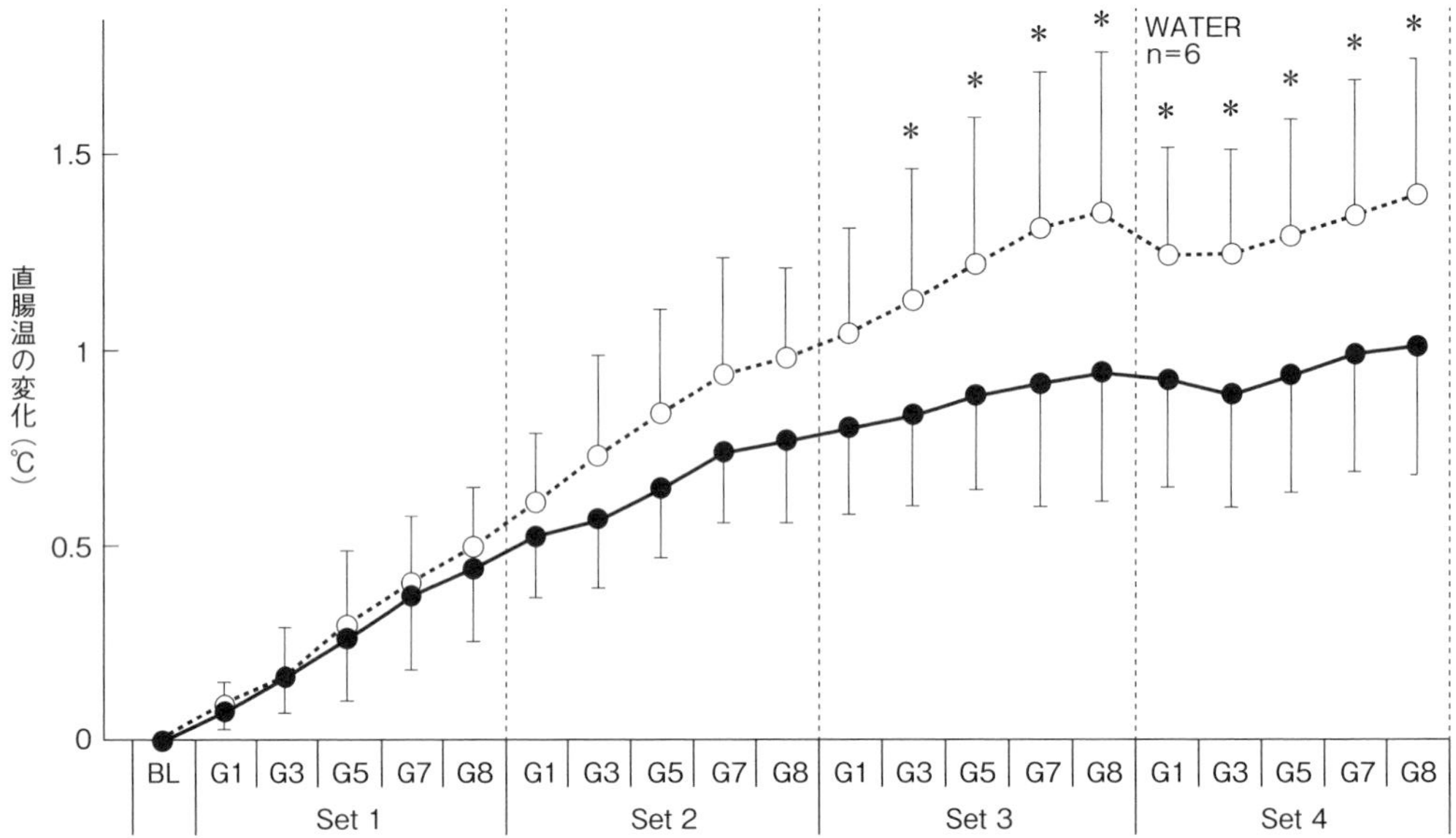

図6-2　テニスにおけるセットごとの水とアイススラリー摂取後の深部体温の変化
○は水の摂取、●はアイスラリーの摂取。*p<0.05　Naito et al., 2018

きるようになっている。保冷剤が、頸部、脇、背中、胸などの静脈部分と皮膚に触れ、体温を下げる効果がある。

アイスベストもアイススラリーと同様に、運動前、中、後の使用が可能であり、競技の特性などに合わせて使用されている。また、両方法ともアスリート以外の人の熱中症対策にも有用である。

③ 手のひら冷却

最近、多くの競技種目の現場で取り入れられているのが、手掌（手のひら）冷却である。陸上のマラソンや競歩で、選手が給水時に帽子に氷を入れたり、冷やしたタオルを首に巻いたりといった光景は、以前からよく見られていた。最近では、氷の入った袋を手で握ってレースをするアスリートを見かけるようになった。

一般的にはあまり知られていないが、手のひらには放熱と冷却のための特殊な血管がある。それは動静脈吻合《ふんごう》（arteriovenous anastomoses：AVA）といい、動脈と静脈を結ぶバイパスの役割をしている血管である。四肢末梢部（手のひら、足底）や顔面等の体毛の生えていない部分に存在する。通常は開いていないが、体温が上昇すると開通して放熱を促す特別な血管である（図6－3）。

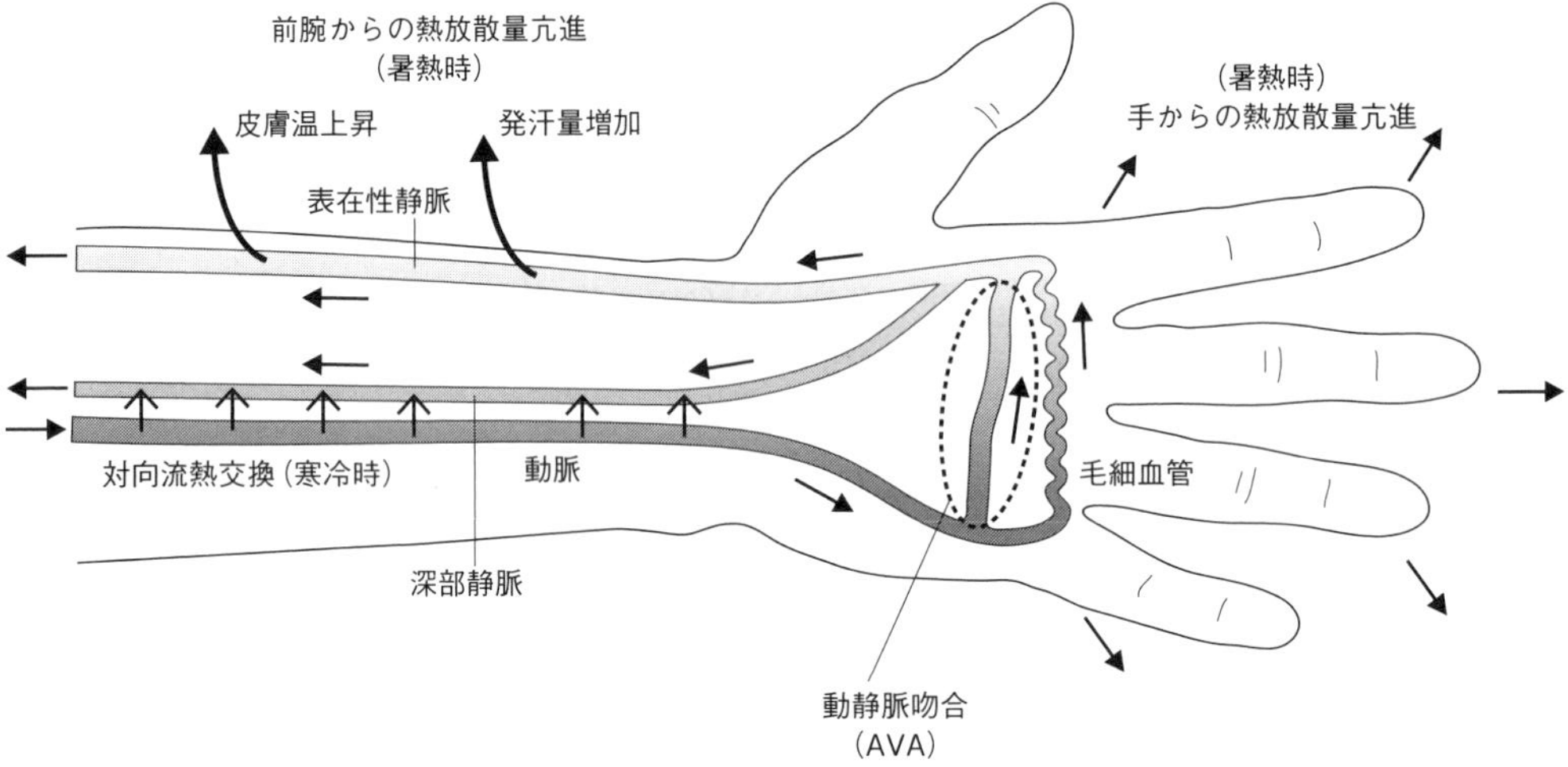

図6-3　手のひらの動静脈吻合（AVA）
時澤, 2017より改変

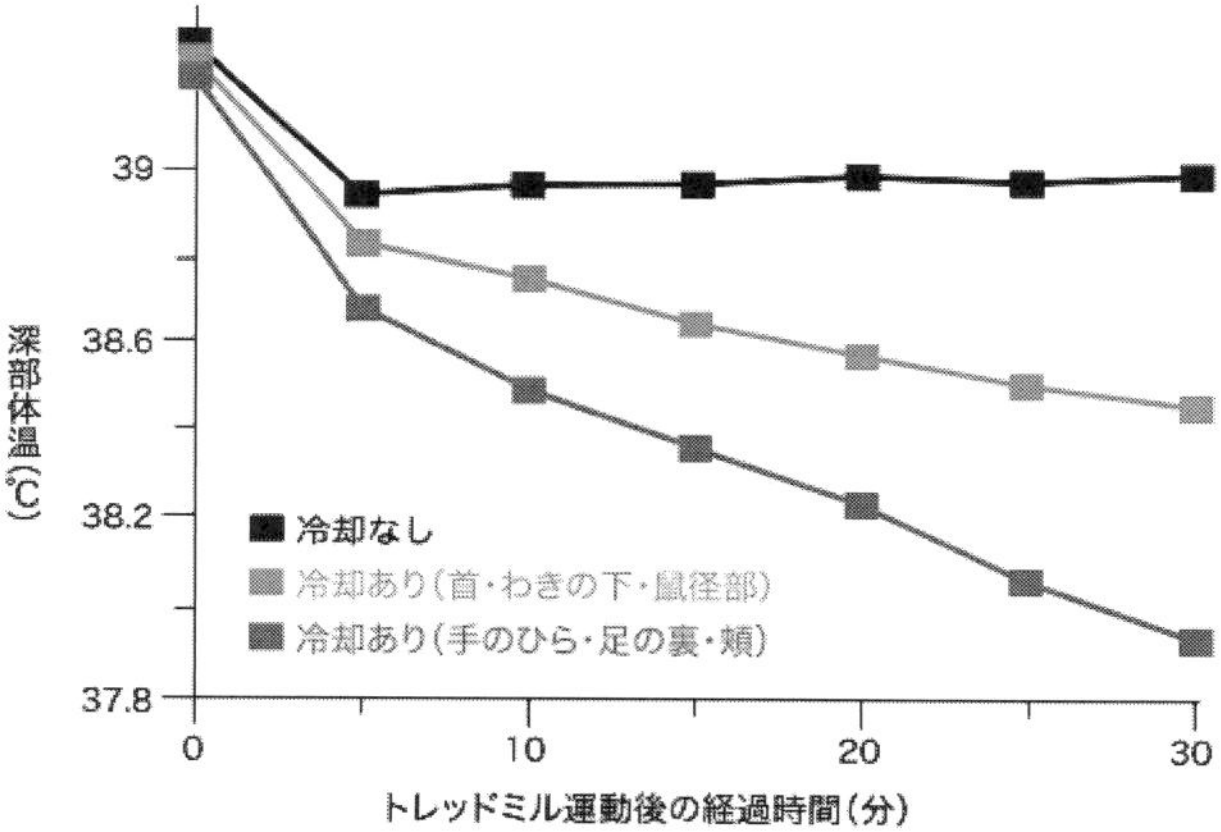

図6-4　冷却法の違いによる深部体温低下比較
対象は健康な成人男性10人。高温環境で深部体温が39.2℃に上がるまでトレッドミル運動を行ったあと、首・わきの下・鼠径部を冷やした場合と、手のひら・足の裏・両頬を冷やした場合、まったく冷やさなかった場合について深部体温の推移を比較。深部体温が速やかに下がったのは手のひら・足の裏・両頬を冷やした場合だった。
Lissoway et al., Wilderness Environmental Medicine, 2015より改変

なぜ、このAVAを冷やすと効果があるのか。それは、AVAを通過する血液量が通常の血管より多いからである。このため、冷却された血液が、身体の深部を巡り、体内を素早く冷却することができるのである（図6－4）。

手のひら冷却は、運動前、中、後いずれでも実施することができる。多くの競技種目で、運動中の深部冷却方法として使われていることが多い。バケツの中に水温10～15℃の水をはり、その中に約10分手のひらを浸すという方法も一般的である。陸上のアスリートで、氷を袋に入れて直接手のひらに巻きつけるといった

方法をとっている場合もある。何度か試してみて、実践しやすく効果が感じられるような自分に合った方法を見つけることが大切である。

夏場に野外でのスポーツ観戦をする人たちは、ペットボトルを凍らせて持っていき、タオルやハンカチで巻いて持つことにより手のひら冷却を行うことができる。あわせて、溶けた分を飲むことで水分補給にも繋がり、効率的な熱中症対策を行える可能性が高い。

パラリンピックに出場するアスリートにも深部体温を下げる暑熱対策は有効であり、これまで紹介してきた方法は十分効果が期待できるであろう。ただ、パラリンピックでは、障がいの程度によってクラス分けが細かくなされており、中には四肢欠損、脊髄損傷、脳性麻痺等、体温調節機能に大きな影響を及ぼす障がいを持っているアスリートもいる。トレーニングや試合前に暑熱対策により体温を下げすぎると、パフォーマンスの発揮時に体温が上がらず良い結果に繋がらないことも十分に考えられる。そこで、アスリートやコーチおよびサポートスタッフが科学的根拠に基づき、暑熱対策を試行錯誤し個々のアスリートに合った方法を見つけている。

リカバリーとしての暑熱対策

前述の通り、現在、多くの競技種目でトレーニングや試合後のリカバリーとして冷水浴（アイスバス）が活用されている（118ページ参照）。中でも炎症の抑制に効果がある。炎症にはラグビー等のコンタクトスポーツにおけるアスリート同士のぶつかり合いにより生じるものと、激しい試合やトレーニング後に体温が上がることで、筋肉に生じるものとがある。暑熱環境下では後者の炎症がおこりやすく、速やかにアイスバスに入り深部体温を下げることで炎症を抑えられることがわかっている。

アイスバスの活用方法は、温度11〜15℃の冷水に11〜15分間、肩まで浸かるのが良い。ただ、慣れるまでは下半身だけ入り、少なくともトータルで11〜15分間浸かるようにする。

ヨーロッパでは、サッカーやラグビーの各プロチームのホームスタジアムで、シャワールームに必ずアイスバスが準備されているのを目にした。アメリカもプロフェッショナルスポーツがさかんであるが、やはりホームスタジアムのシャワールームにアイスバスが置いてあるところが多い。日本での普及はまだそれほどでもないが、持ち運びできるアイスバスなどもあり、今後増えていくと思われる。

また、リカバリーのために大切な睡眠についても、暑さ対策が必要である。エアコンや除湿器などを上手に活用して、いかに快適な眠りにもっていくかが、勝負にも大きく影響する。暑熱環境下では睡眠不足になりやすく、身体の温度調節、気分、疲労、注意力に影響が及びがちである。睡眠不足の人は、暑熱環境下での熱放散のメカニズムが変わるといわれており、発汗率が27%低下したとの報告もある。また、別の研究では、睡眠不足により胸部、大腿部の発汗感応性が低下するという結果を得た。これは運動中の末梢血管の拡張が抑制されるためであろう。

　最新の研究から、パフォーマンスに影響を与える大きな要因として睡眠を挙げるスポーツ科学者は多い。暑熱環境でも最高のパフォーマンスを発揮するため、睡眠の量と質を確保するための研究も必要とされている。

　さらに、多くの研究に基づくハイテク機器も開発されている。たとえば、スタンフォード大学のクレイグ・ヘラー教授が開発した体内深部冷却システムは、ＡＶＡの血管を吸引によって拡張させ、同時に冷やすことで激しい運動や活動により上昇した深部体温を効率よく適温に戻すものである。ヘラー教授は暑熱対策の大家であり、日本の著名なスポーツ科学者も影響を受けている。また、オーストラリア国立スポーツ研究所（ＡＩＳ）のリカバリーセンターでは、両足に装着するコンプレッサー（間欠的空気圧迫法を行う器具）を冷蔵庫に冷やして準備をしていた。トレーニング後に上昇した深部体温を下げる目的と、本来の用途である炎症や浮腫の軽減に使われる。

6-2 寒冷環境でのパフォーマンス

寒冷順化でパフォーマンスを上げる

暑熱環境と真逆の環境として、寒冷環境が挙げられる。暑熱環境との戦いを強いられる夏季オリンピック・パラリンピックに対して、冬季オリンピック・パラリンピックは寒冷環境での競い合いとなる。それ以外のハイパフォーマンススポーツでは、欧州のサッカーやラグビー、北米のアメリカンフットボールなどが、寒冷環境でプレーを行うことがある。

軽度の寒冷環境では、深部体温の恒常性を維持するための急性的な生体反応がおこる。皮膚血管が収縮し、熱を運ぶ血流を減少させることによって熱放散を抑制したり、ふるえ熱産生、非ふるえ熱産生といったことがおこり、体温を保とうとする。ふるえ熱産生は不随意的筋活動といい、骨格筋が収縮し、ふるえることによって熱を発生させる。また、非ふるえ熱産生は、褐色脂肪細胞という脂肪組織などで、ふるえを伴わずにノルアドレナリンという物質のはたらきによって調節され、熱を産生する。

暑熱順化と同様、寒冷環境でも順化は有効である。寒冷順化では、右のような急性的な生体反応に比べて、慢性的な反応として以下の三つのパターンが見られる。一つ目としては、寒さに慣れ順応してくると、順化以前より寒冷ストレスに対する応答が鈍感になる。少しくらい寒くてもふるえが減少し、皮膚血管収縮もおこりにくくなる。二つ目の反応は、非ふるえ熱産生が亢進することである。褐色脂肪細胞の前駆細胞の分化がおこることで褐色脂肪細胞数が増加し、褐色脂肪細胞内のミトコンドリアも増加するため、熱がより多く産生される。三つ目としては、皮膚表面の断熱性が上がる。皮膚血管収縮の応答が迅速化され、深部体温と体表面との熱の移動を小さくして、体温を保つはたらきを強くするのである。

このような体温調節応答が生じてからある程度は深部体温が保たれるが、野外環境で長時間、過酷な風や雨、雪にさらされると、筋温や深部体温が下がり、パフォーマンスの低下を招くこともある。筋収縮に必要な生化学的反応は、低温になるほど反応速度が低下することがわかっている。そのため、発揮筋力、筋収縮速度、最大酸素摂取量等が低下してしまう。また、温度が下がれば下がるほど身体能力、短期記憶、そして集中力も低下することが明らかになっている。さらに、寒冷環境下では、末梢血管の収縮による血圧上昇、排尿回数の増加による脱水、足の末梢部(指先)の血液循環の阻害といったことがおこる。

寒冷環境下のスポーツの実施には、栄養補給としての糖質摂取が重要となる。それは、体温維持のために骨格筋が不随意的に収縮すると、糖質が消費されるためである。脱水を防ぐための水分補給と合わせて知っておく必要がある。

6-3 高地という環境とスポーツ

高地トレーニングと低酸素トレーニングの効果

２０１９年のノーベル医学生理学賞に、細胞の「低酸素応答」という、生命維持に欠かせない酸素の濃度変化への適応に関するメカニズムを解明した研究者たちが選ばれた。受賞者の一人であるグレッグ・セメンザ氏が１９９２年に発見したのが、低酸素応答誘導因子（hypoxia-inducible factor：ＨＩＦ）というタンパク質である。ＨＩＦは、通常の状態では活性が抑えられているが、低酸素状態を検知すると安定化・活性化し、酸素を運ぶ赤血球を増やしたり、新しい血管を作ったりするタンパク質の遺伝子を発現させる。細胞が低酸素の状態に適応することを解明したこの研究は、多くの貧血、心血管疾患、癌《がん》で苦しむ人々に向けた、治療法、治療薬の提供に繋がるとして高く評価された。

この研究は疾病治療だけでなく、疾病予防という観点においても大きな可能性を秘めているといえるであろう。なぜならば、現在多くの人々が疾病予防として運動を行うことが一般的となっており、その中で、低酸素状態でのトレーニングにより運動能力を向上させる方法があると示したからである。このトレーニングに関しても科学的に解明が進み、より有効に広がっていくと期待しているが、ここでは多くの競技で実践されている高地トレーニングと低酸素トレーニングについて紹介したい。

高地トレーニングとは、自然環境である高地を活用した、長期滞在型で運動と生活を行う方法である。現在まで試行錯誤を繰り返しながら、さまざまな方法が考案されてきた。その基本的な考え方は、大きく分けて三つある。

① 高地で生活、高地でトレーニング　Living High Training High（LH-TH）
② 高地で生活、低地でトレーニング　Living High Training Low（LH-TL）
（準高地を含む。ここでは準高地を1300m前後と規定する）
③ 低地で生活、高地でトレーニング　Living Low Training High（LL-TH）

滞在期間は、持久力の向上を目的に実施する場合、理想的には28日（4週間）、少なくとも21日とされている。また、高地の特徴として気圧が低く、酸素分圧も減少する。通常、平地の酸素濃度は20・93％であるが、高地にいくほど濃度は下がり、標高1000mでは酸素濃度は18・6％、5000mでは11・2％となる。そのことにより、高度が上がれば上がるほど、平地と同じ強度のトレーニングでも、相対的により高いレベルの運動強度を身体に与えることになる。

この結果、身体の酸素運搬機能が向上する。これは低酸素の刺激により、腎臓から分泌されるホルモン、エリスロポエチン（erythropoietin：EPO）が高地滞在の2～3日目に急増し、造血幹細胞を刺激して赤血球が新しく産生することで、ヘモグロビンおよび赤血球量が増加することにより得られる効果であることがわかっている。

この一連の過程は高地順化といわれる。高地順化では、まず急性適応（呼吸数増加、呼吸深さ増加、心拍数増加、心拍出量増加、赤血球動員等）がおこり、慢性適応（活動肺胞増加、活動毛細血管増加、心臓肥大、赤血球造血亢進、呼吸筋発達、呼吸数減少、心拍数減少等）へと移行していく。

期待される高地トレーニングの効果は、以下の4点が考えられる。

① ヘモグロビンの増加による、酸素運搬能力の向上
② 骨格筋の毛細血管密度の増加による、酸素取り込み能力の向上
③ 酸化系・解糖系のエネルギー代謝における酵素活性の増加による、酸素利用能力の向上
④ 筋緩衝能の改善（筋pHを一定にして筋肉疲労をやわらげる作用）による筋力の向上

こういった高地トレーニングと同様の生理学的効果を得るために、人工的な低酸素環境を作りトレーニングをする、低酸素トレーニングという方法も活用されている。現在、一般的な低酸素トレーニング室は、気圧を変えることなく酸素濃度だけを変える常圧低酸素環境となっている。

1	トレーニング内容とパフォーマンス
2	起床時の動脈血酸素飽和度（SpO_2）
3	起床時脈拍数
4	起床時の体温
5	起床時の体重
6	自覚的体調 （トレーニングへの意欲や体調、食欲、睡眠や疲労の自覚症状）
7	尿検査
8	血液検査
9	自律神経機能検査
10	トレーニング時の心拍数、血中乳酸濃度、SpO_2

表6-3　低酸素時のコンディションチェック表

高地トレーニングも低酸素トレーニングも、身体へのさまざまな影響を引き起こす。そのため、身体の変化をこまめにチェックしながら進められる。表6－3のように、専門家が行っている低酸素トレーニング時のコンディションチェックには、10の項目があり、アスリートの状態をモニタリングし、安全に効率良く低酸素トレーニングを行うようにしている。

表6－3のなかで、SpO_2という項目があるが、これは動脈血酸素飽和度（Saturation pulse O_2）といい、体内のヘモグロビンと結合した酸素量の割合である。つまり、SpO_2は、全身の臓器に十分に酸素を送れている状態かどうかの

重要な指標であり、通常平地では97％前後であり、身体への負荷が高い状態では低下する。標高3000mでは、90％程度になるといわれ、高地順化すると数値は上がってくる。測定方法としては、パルスオキシメーターという、光センサーがついている小さな測定器を手の指などをはさみこむように装着して、簡単に測ることができる。毎朝の体温と共に、起床時のSpO_2、トレーニング時のSpO_2の測定は、大切なモニタリングとなる。

高地トレーニングが日本のスポーツを強くした

高地トレーニングは、いつ頃から行われるようになったのであろうか。その歴史を振り返ると日本における高地トレーニングの導入は意外に古く、1964年の東京オリンピックの3年前から選手の強化策として開始された。その次の1968年のメキシコシティーオリンピックは、標高2300mの高地で開催された。そのための準備として、高地トレーニングの大規模研究プロジェクトが組まれた。それが功を奏したのか、陸上のマラソン種目において君原健二選手はみごとに銀メダルを獲得した。

高地トレーニングを有名にしたのは、2000年のシドニーオリンピックで金メダルを獲得した女子マラソンの高橋尚子選手と、その指導者であった小出義雄監督（故人）であろう。陸上競技では、これ以前から高地トレーニングが研究され、実践でも取り入れられていたのだが、この

2000年頃からアメリカのコロラド州ボルダーで、世界各国の多くのランナーが合宿を行うようになった。ボルダーは、標高約1600mに位置し、近隣には2000mを超えるトレーニングに適したコースがいくつもある。トレーニング以外の生活環境も整っており、合宿場所としては申し分ない所である。

高橋選手を指導していた小出監督は好んで高地トレーニングを実践していたこともあり、よくボルダーで合宿をしていた。しかし、2000年のシドニーオリンピック前に実践したのは、コロラド州ウィンターパークでの超高地トレーニング（標高約3500m）であった。ボルダーよりさらに標高が高い場所でのトレーニングがうまくいったことが、金メダル獲得に結びついた可能性は高い。

近年、競泳において日本選手は強さを発揮している。普段所属チームに分かれてトレーニングをしている選手たちが共通してよく行っているのも、高地トレーニングである。2004年アテネ大会、2008年北京大会の両オリンピックにおいて、2種目2連覇を達成した北島康介選手らを指導してきた、競泳日本代表ヘッドコーチの平井伯昌《のりまさ》氏は、1999年から高地トレーニングを取り入れてきた。

世界各地の高地トレーニング拠点

世界には高地トレーニングの拠点がいくつもあるが、競泳の日本人アスリートが合宿を行う場所をいくつか紹介したい。

まずは、アメリカ、アリゾナ州のフラッグスタッフである。２０１６年リオデジャネイロオリンピック競泳女子２００メートル平泳ぎで金メダルを獲得した金藤《かねとう》理絵選手、そして２０１９年世界選手権２００メートル、４００メートル個人メドレー優勝の瀬戸大也《だいや》選手らが、好んでフラッグスタッフを使っている。ここは標高が約２１００ｍである。また、北アリゾナ大学の敷地内に拠点があり、さまざまな施設が整っており、トレーニング環境として申し分ない。アメリカの大学を訪問したことのある人であれば、各州立大学や有名私立大学はスポーツ施設面において、日本のナショナルトレーニングセンター（ＮＴＣ）と同様の機能を有しているといっても過言ではないことが理解できるであろう。

スペインのグラナダ近郊にあるシエラネバダは、ヨーロッパで最南端のスキー場のある地域であり、スペインの複合型の高地トレーニング拠点である。標高は約２３００ｍである。この場所をよく利用するのは、前述の平井氏のチームである。北島選手をはじめ、２０１６年リオデジャネイロオリンピック４００メートル個人メドレー金メダリストの萩野公介選手ら多くの選手が高地トレーニングで使っている。

アメリカのコロラドスプリングスには、アメリカオリンピック・パラリンピック委員会（ＵＳ

OPC）のトレーニングセンターがあり、ウエイトリフティング、競泳、射撃、レスリング、柔道、バレーボール、その他多くの競技種目の選手が拠点としている。標高は約1800mである。フランスのフォン・ロム・オデロには、国内唯一の高地ナショナルトレーニングセンターがある。標高は約1800mで高校と大学が併設されている。近いところに標高約2300mのトレーニング可能な自然環境もある。中国の公式認定されている高地トレーニング拠点は、青海省と昆明市にあり、そのうち青海省の多巴国家高原体育訓練基地は、標高が約2300mである。

日本でも高地トレーニングができる場所はある。山形県の蔵王坊平《ぼうだいら》アスリートヴィレッジは、国のNTC高地トレーニング強化拠点に指定されており、標高は約1000〜1500mで、準高地に相当する。

岐阜県の飛驒御嶽《おんたけ》高原高地トレーニングエリアも、NTC高地トレーニング強化拠点に指定されている。標高は、約1200〜2200mに位置している。国内の各競技種目の代表チームだけでなく、イギリス、アメリカ、オーストラリア、ニュージーランド、フランス、オランダなどの選手も利用している。

最後にもう1ヵ所、長野県東御《とうみ》市の湯の丸高原スポーツ交流施設は、全天候型の400mトラックをはじめ、トレイルランニングコース、50mの特設プールなど運動環境がそろっている。標高約1700mに位置する、日本で最も高い場所にある高地トレーニング施設である。

低酸素トレーニングの可能性

運動の種類は、持久系の運動と高強度系の運動とに分けられると述べたが、高地トレーニングは、そのうち持久系能力（有酸素性能力）の改善に効果的だと思われがちである。実際、競泳の北島選手が高地トレーニングを取り入れる前は、高地トレーニングは持久系選手のトレーニングという認識が一般的にあり、短距離系の競泳選手には向いていないのではないかといわれていた。しかし研究が進むにつれて、高強度系の運動においても、常酸素環境と比較すると低酸素環境のほうが、同じ強度の運動でも身体負荷が高くなることが明らかになってきた。そのため、低酸素環境で効果的な「高強度トレーニング」をすることで、無酸素性能力を鍛えるという方法が活用されるようになった。

高地トレーニングを積み、オリンピックで2種目2連覇した北島選手は、2008年北京大会の100メートル平泳ぎ決勝では58秒91で当時の世界新記録、200メートル平泳ぎ決勝では2分7秒64で当時のオリンピック新記録を出すなど、この結果から十分に高地トレーニングの成果があったといえそうである。運動生理学的な観点から、両種目は無酸素性能力も重要となる。この点から低酸素トレーニングは持久力以外の能力改善にも役立つことが理解できるであろう。

欧米や中国と比較して4000m級の超高地が存在しない日本では、比較的早くから低酸素トレーニングの研究と実践がなされてきた。

近年注目されているトレーニングに、高強度インターバルトレーニング（High Intensity Interval Training：ＨＩＩＴ）がある。代表的な方法としては、固定式自転車を使った30秒間の全力ペダリングを４〜７セット（各間４分間の休息を挟む）行うものがある。その結果、運動継続可能な時間が２倍になったなど、さまざまな効果に関する研究報告が数多くなされている。ＨＩＩＴは、短期間で無酸素性および有酸素性エネルギー供給能力を向上させることができる方法である。このＨＩＩＴを低酸素環境で行うことにより、さらに高い効果が得られる可能性がある。また、低酸素環境を活用した高強度トレーニングの研究では、パフォーマンスの向上に関連する乳酸性作業閾値、最大酸素摂取量といった数値が顕著に改善されたという報告が数多くある。さらに実際に研究に参加したアスリートからは、「苦しいところで頑張りが利く」という主観評価も得られた。

国立スポーツ科学センター（ＪＩＳＳ）では、開所した２００１年から低酸素トレーニングに関する知見を蓄積している。ＪＩＳＳには低酸素トレーニング室のほか、高温多湿や低温低湿の環境に設定できる環境制御実験室（温度０〜40℃、湿度10〜95％）、低酸素宿泊室（シングルルーム）といった設備がある。高地順化をはじめ、さまざまな条件のもとで効果的なトレーニングやコンディショニングが可能で、さらなる研究が期待できる。

第7章

コーチングの科学
――スポーツ心理学最前線

7-1 コーチングとはなにか

多くの人々を魅了し興味を抱かせるトップアスリートとスポーツを、身体のしくみ、マテリアル、環境、テクノロジーなどについて科学的な視点から紹介してきた。最終章では、アスリートに最も近いコーチに焦点を当ててみたい。コーチとはどういう存在なのか。また、コーチの存在がアスリートのパフォーマンスにどのように関係しているのか。さらに、スポーツコーチング先進国といえるオランダの例を交えて解説する。

コーチの起源

ハイパフォーマンススポーツにおいて国際競技力を上げるためには、能力の高いアスリートを適切に導くコーチの存在が不可欠である。ラグビー日本代表が２０１５年ワールドカップにおいて大躍進を遂げた背景には、ヘッドコーチであったエディー・ジョーンズ氏の存在が大きいといわれている。２０１９年大会もやはり、ヘッドコーチのジェイミー・ジョセフ氏とコーチのトニー・ブラウン氏の二人がいなければ日本代表の躍進はなかったともいわれている。

バスケットボールでは、男子日本代表が44年ぶりのオリンピック出場へと至る道筋をつけたへッドコーチのフリオ・ラマス氏がいる。ラマス氏は２００８年北京オリンピックにおいて、アルゼンチンに銅メダルをもたらしたほか、同国の選手をアメリカプロリーグ（ＮＢＡ）に多く送り込んできた。

プロ野球でも優勝請負人といわれる監督（ヘッドコーチ）が多くいる。その他、プロフェッショナルスポーツの世界では、アスリートと同じくらいコーチの存在は大きい。もちろん、競泳、アーティスティックスイミング、バドミントン、フェンシング等々、オリンピック競技種目の中にも名コーチは枚挙にいとまがない。また、トップレベルだけでなく、アンダーカテゴリー（日本代表の次のレベルまたは下の年代）、ジュニアレベル、一般レベルにおいても、コーチは対象の選手を育成・強化する上で必要な存在である。

ところで、一般的に使われているコーチという言葉の由来は、ハンガリーの地名、コチ(Kocs）からきているといわれている。その町で最初に作られた四輪馬車がコチ（kocsi）と呼ばれるようになり、それがイギリスに伝わった。１８４０年代にオックスフォード大学で、学生が受験指導者として雇った家庭教師を運んだのが四輪馬車だったことで、学習やスポーツを指導する人のことをコーチ（coach）と呼ぶようになったといわれている。１８８０年代にはスポーツ分野でコーチの名称が多く使われるようになった。その意味は、「大切な人を、現在その人がいるところから、その人が望むところまで送り届ける」と解釈して使われていたようである。その後、馬車にかわる乗り物も広くコーチと呼ばれ、イギリスの中距離列車の車両には、今でもcoachの記載がある。

ビジネスの世界にコーチを導入しコーチングの考え方を確立したのは、ハーバード大学の助教授であったマイルズ・メイス氏である。彼は著書（１９５９年）の中で、コーチングをマネジメントの重要なスキルと位置付けた。時を経て、１９８０年代から現在まで、アメリカを中心に世界中でマネージャーやリーダーのスキルとしてのコーチングが市民権を得るようになった。日本で初めて経営学修士（ＭＢＡ）のプログラムにコーチングのコースを導入したのは、２００８年、神戸大学経営学研究科専門職大学院であった。その後は、多くの大学院で同様のコースが取り入れられ、ビジネスにおけるコーチングは日本でも広まっている。

世界的なビジネスコーチングの認定組織である国際コーチ連盟（ＩＣＦ）は、「コーチングは、クライアントの生活と仕事における可能性を最大限に発揮することを目指し、創造的で刺激的なプロセスを通じ、クライアントに行動を起こさせる、クライアントとの提携関係を指す」と定義している。ＩＣＦは１９９５年に設立され、現在、世界１３０ヵ国以上に3万人以上のプロフェッショナルコーチが所属しており、世界最大の会員数を誇るコーチング団体である。

日本のビジネスコーチングの第一人者である伊藤守氏によれば、コーチングの究極の目的は、変化に対応するために「行動変容（behavior modification）」を促すことにあるという。そこで重要になるのはコミュニケーションである。基本的にビジネスコーチングでは、アドバイスや教えることが主体のティーチングよりも、相手の持っている能力を引き出すことに重きを置くことが多い。

ペンシルベニア大学の組織心理学者アダム・グラント教授は、ビジネスの世界において「すぐれたマネージャーでいるためには、すぐれたコーチでいる必要がある」ことについて言及している。さらに、世界のビジネス界ではエグゼクティブがコーチをつけてコーチングを受けることが、現在一般的となっている。

そんなビジネス界で、アップル共同創業者の故スティーブ・ジョブズ氏、グーグル共同創業者のラリー・ペイジ氏、グーグル元会長兼CEOのエリック・シュミット氏、その他数多くの起業家たちが、コーチとして契約を結び、師と仰いでいたのが、伝説のコーチ、ビル・キャンベル氏であった。キャンベル氏は元アメリカンフットボールのヘッドコーチであり、そこからビジネスの世界に入り大成功した人物である。

世界のスポーツコーチングの流れ

ビジネスの世界では、コーチの存在感が強まりテクニックも体系化され日常的に使われるようになっているが、スポーツの世界でも変化が起きている。競技の構造を分析した上で細かくコー

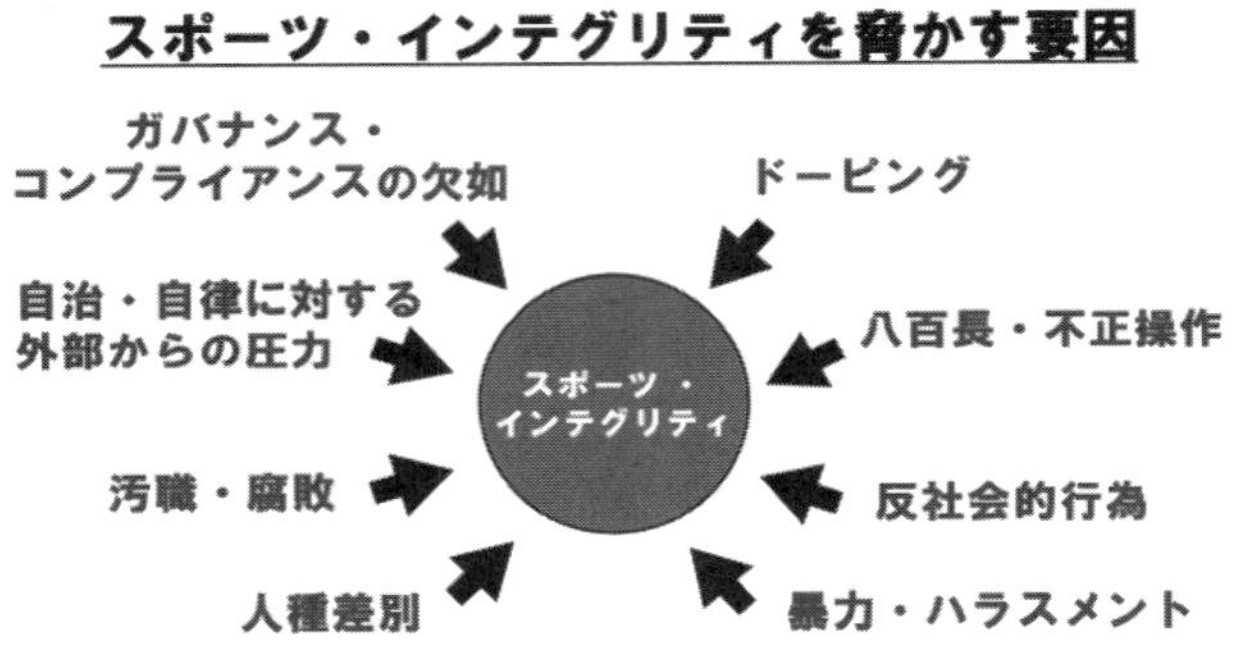

図7-1　スポーツ・インテグリティを脅かす要因
日本スポーツ振興センターウェブサイトより

チの階層を分け、それぞれ必要な研修を課し、ライセンスを出している競技団体が多くある。スポーツの世界では、サッカー、ラグビー、バスケットボールがその代表である。その他の競技でも同様の制度を持っているところが増えている。

　しかし、競技を取り巻く環境の変化に対応しきれていないのも事実である。たとえば、スポーツを取り巻く「インテグリティを脅かす要因」は年々増加の一途をたどっている。インテグリティというのは、高潔性、健全性、完全性を意味する言葉で、コーチやリーダーに求められる重要な価値観である。インテグリティが脅かされていることによって、多くの倫理的な問題が引き起こされている（図7－1）。

　そこで、これらに対応するコーチングが求められる時代となっている。世界の各競技団体は、対応を行っているが追いついていないのが実情である。その中

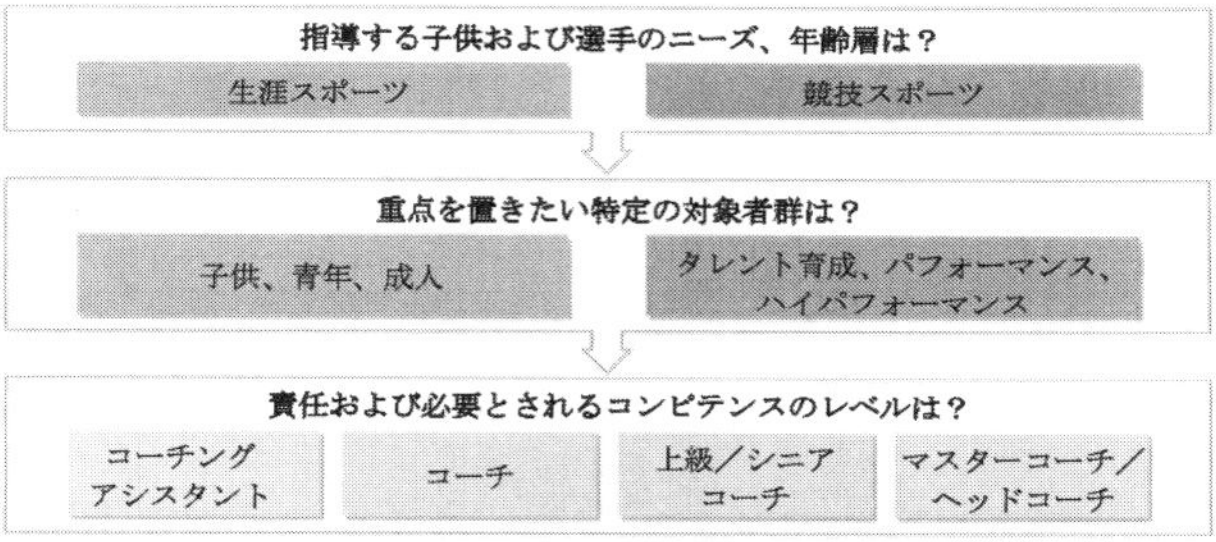

図7-2　競技、国、組織におけるコーチングに関する役割の定義
ICCE International Sport Coaching Framework ver.1.2より改変

で、競技団体の枠組みを超えてコーチングの基本的な部分を提供するべく、１９９７年に設立され、活動を続ける組織がある。それが国際コーチング・エクセレンス評議会（International Council for Coaching Excellence：ＩＣＣＥ）である。ＩＣＣＥに加盟しているのは、世界中のコーチ養成に関わる各国の代表機関、国際競技連盟、各国地域のオリンピック委員会、大学、研究者等である。

ＩＣＣＥはこれまでコーチの地位向上と教育を中心に活動してきたが、２０１２年のＩＣＣＥ長期戦略を基にして、コーチの教育だけでなく、コーチングの質の向上を目指す方向性をより明確に示した。さらにＩＣＣＥは各国の競技においてコーチングの枠組みを整備・改善していくことを目的として、スポーツコーチングに関する国際枠組みである「International Sport Coaching Framework（ＩＳＣＦ）」を作成した。その中で、前述のビジネスコーチングに関する諸理論の活用も多く見受けられる。

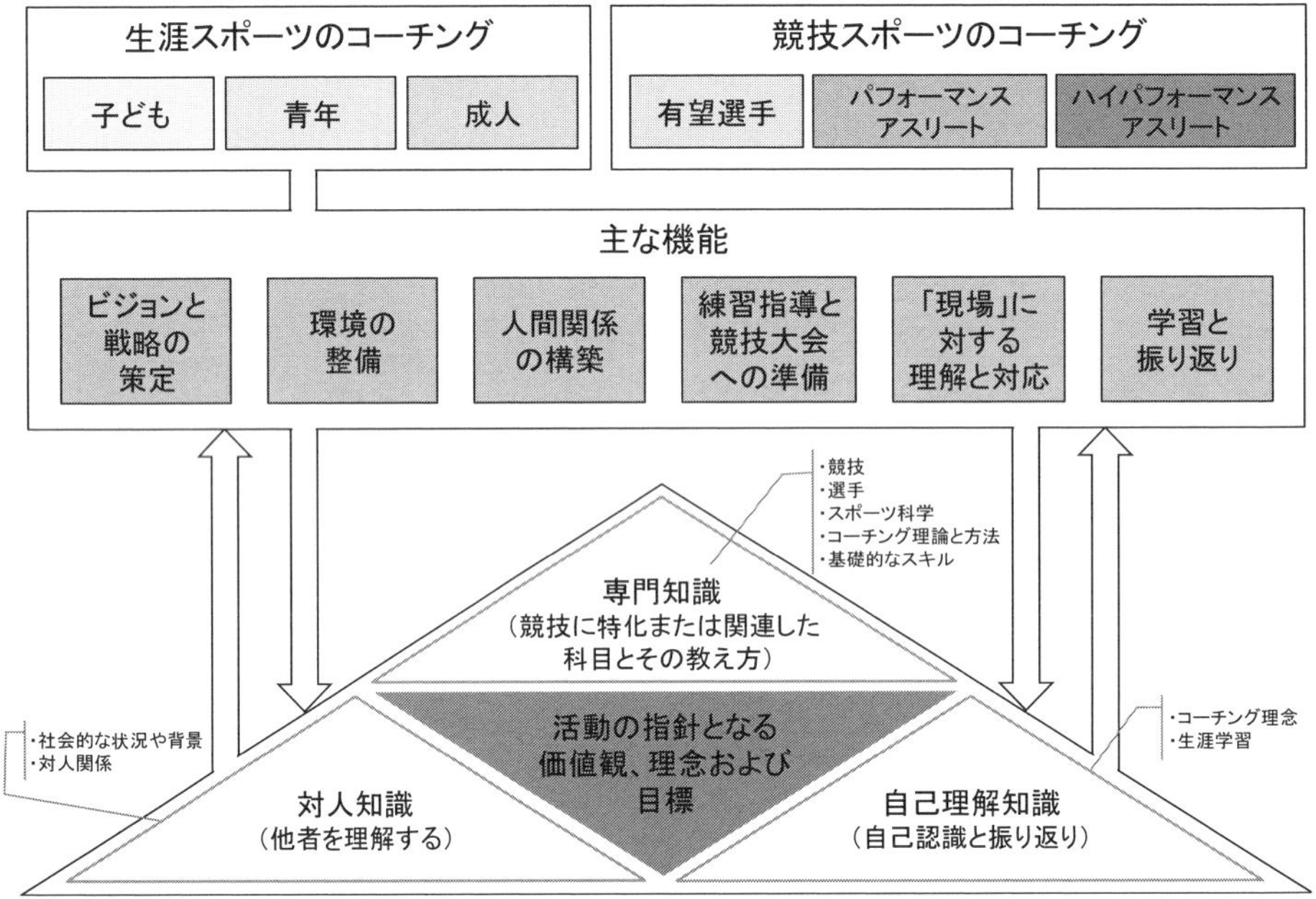

図7-3　コーチングにおける職務関連の能力とその土台となるコーチングの知識
ICCE International Sport Coaching Framework ver.1.2より改変

ＩＣＣＥはこの枠組みを、ヘッドコーチ、上級コーチ、コーチ、コーチングアシスタントの4階層において備えるべき資質を具体化し、市民スポーツからトップ選手育成、そしてハイパフォーマンススポーツまで、すべての国や競技が「参照できる」ガイドラインと位置付けている（図7－2）。

また、スポーツコーチングの課題解決に向けて、さまざまなスポーツコーチングに関する情報を発信し、ネットワークのための場であるグローバルコーチカンファレンスを隔年で開催したり、ワークショップやセミナーの実施、学術雑誌の発行などの活動をしている。

日本国内でもさまざまな団体が同様に取り組んでいるが、中でも日本のスポーツ指導者育成を長年にわたって中心的に実施してきた日本スポーツ協会（ＪＳＰＯ）は、２０１９年にこれまでの資格研修に大きな改定を加えた。その根幹となっているのが、ＩＣＣＥのＩＳＣＦであった（図7－3）。このように、先行していたビジネスコーチングの理論を、スポーツコーチングに取り入れ、新たな方向性で進もうとしている。

7-2 オランダはオリンピックでなぜ強いのか

オランダスポーツ界を変えたコーチングとは

世界のスポーツコーチングの動向の中でも、スポーツ心理学の領域から出てきた理論に基づき、オランダのハイパフォーマンススポーツで実践している新たなコーチングアプローチは先進的である。

オランダは、国土面積4万1864㎢（九州とほぼ同等）、人口1738万4000人、GDP9145億ドルと、世界の中でも国としては小さい部類である。にもかかわらず、オランダの2016年リオデジャネイロオリンピックにおけるメダル獲得ランキングは11位であり、2018年平昌オリンピックでの同ランキングは5位であった（表7－1）。IOCがオリンピックにおいてメダルの獲得総数を競うことを推奨しているわけではないが、一般的には各国の国際競技力を測るバロメーターの一つと認識されており、オランダは非常に高いといえる。

オランダはオリンピック委員会、パラリンピック委員会、そして競技団体を束ねる連合が一つになったオランダオリンピック委員会・スポーツ連合という世界でも稀有《けう》な組織を有している。

2016 夏季 リオデジャネイロオリンピックメダル獲得状況

順位	国・地域	金	銀	銅	総数
1	アメリカ	46	37	38	121
2	イギリス	27	23	17	67
3	中国	26	18	26	70
4	ロシア	19	18	19	56
5	ドイツ	17	10	15	42
6	日本	12	8	21	41
7	フランス	10	18	14	42
8	韓国	9	3	9	21
9	イタリア	8	12	8	28
10	オーストラリア	8	11	10	29
11	オランダ	8	7	4	19

2018 冬季 平昌オリンピックメダル獲得状況

順位	国・地域	金	銀	銅	総数
1	ノルウェー	14	14	11	39
2	ドイツ	14	10	7	31
3	カナダ	11	8	10	29
4	アメリカ	9	8	6	23
5	オランダ	8	6	6	20
6	スウェーデン	7	6	1	14
7	韓国	5	8	4	17
8	スイス	5	6	4	15
9	フランス	5	4	6	15
10	オーストリア	5	3	6	14
11	日本	4	5	4	13

表7-1　国別メダル獲得ランキング

その中でハイパフォーマンススポーツの推進を担うのが、チームＮＬ（総称）である。その役割と目的は、可能な限り多くの競技がオリンピック・パラリンピック等においてメダルを獲得することと、それを通して社会に良い影響を与えることだと、チームＮＬのパフォーマンスディレクター、マウリッツ・ヘンドリクス氏は国際カンファレンスで語っていた。

チームＮＬは、ヘンドリクス氏のリーダーシップのもと、約10年間にわたり競技現場の主導者であるコーチの声を重視し、各競技団体の改善に貢献するための組織編成を試行錯誤した。その結果、現在の4チーム（パフォーマンスマネジメント、エキスパート、アスリートサービス、ゲームス&オペレーション）で構成するシステムを作り上げた。この中で、スポーツ科学、スポーツ医学等の専門家を擁するのがエキスパートチームであり、ストレングス&コンディショニング、栄養、メディカル、テクノロジー、研究開発、パフォーマンスビヘービア（Performance Behavior）の専門領域で構成されている。これらの専門領域が実際に融合（分野横断）できて初めて競技力向上に繋がるとしている。

その中のパフォーマンスビヘービアとは、考え方が常にアスリートやコーチなどの「行動（Behavior）」に影響を与え、その「行動（Behavior）」が変わる（行動変容）ことによりパフォーマンスが向上するという考え方に基づいている理論である。２０１２年のロンドンオリンピック後に新たに設置したパフォーマンスビヘービア部門は、オランダのハイパフォーマンススポーツのシステムが大きく変わるきっかけとなった。

この領域を率いるのは、元ヨーロッパ心理学会会長であり、ベルギーのブリュッセル自由大学の教授であるポール・ウィルマン博士である。それまでオランダではいわゆる「メンタルコーチング」においては比較的アクティブであったが、その他多くの領域を見逃していたという。ウィルマン博士は我々とのミーティングにおいて、次のように述べた。

「アスリートの行動に影響を与えることに集中する理由は、アスリートの『結果』ではなく『プログレス（進化・成長・発展）』を目的にしているからだ。なぜなら、『プログレス』を目的にすればパフォーマンス向上の可能性が高くなることがこれまでの研究でも実証されている。この考え方を軸にすると『スポーツ心理』はそのカバー範囲が狭すぎるし、見方によればネガティブな印象を与えてしまうことになる。たとえば、従来のスポーツ心理は、多くがメンタルスキルトレーニングを繰り返し行う印象が強い。同じようなメンタルスキルを何度も教えるのは若いアスリートには適している。しかし、オリンピッククレベルのエリートアスリートに対するサービスとしては最善ではないと考えられている。本来は、もっと広い意味で捉えられなければならない。そのため、『スポーツ心理』から『パフォーマンスビヘービア』に領域の名称を変更し、より包括的な視点からアプローチする方向に転換した」

そして、ウィルマン博士が、パフォーマンスビヘービアを実践的に導入する上で重要視したのが、アスリートではなく、コーチを対象としたアプローチである。なぜならコーチングのあり方や手法そのものが、アスリートの行動変容に大きな影響を与えるからである。

パフォーマンスビヘービアという考え方

ここで、オランダで実践されているコーチングにおけるパフォーマンスビヘービアに関する事例について、いくつか紹介したい。

我々が調査研究でインタビューしたトップコーチは、おおむね以下のように述べた。自分がアスリートだった時に自分のコーチも同じようなコーチングをしており、選手としてとても有効だと思った。だからコーチになってからもそのようなコーチングをしてきたが、その裏付けとなる理論がなかった。その時の自分には、他者を教えるためのラーニングスキルがなかった。自分が持っていたのは「そのやり方は自分にとって有効だったのでやってみよう」という意思だった。パフォーマンスビヘービアの中でいわれている「なぜ」と「どうやって」を知った後は、より効果的に実施できるようになった。どう効果的だったかというと、「観察力」がついた点である。より観察するようになり、観察の中でどの「行動」を見るべきかがわかった。それ以前は、他者が何かをしている時に、自分は他者の何を見ているかを見ており、何を見れば効果的かは見ていなかった。つまり、それは「行動」を見ることである。「行動」を見るようになってから、改善すべき点が明確にわかるようになった。つまり、「Watching（見る）」から「Observing（観察する）」に一歩引いて見るようになった。自分にとってもこれは学びであり常に学び続けている。何を見ているのか、より良いパフォーマンスができているか、より良い行動ができているか、より良いスキルセットを身につけているか、そういうところを常に学んでいる、と。

また、オランダでは、さまざまな状況下でのアスリートの行動（反応）について、自分自身に気づかせるトレーニングも実践されている。うまくいかない時に自分の道具を地面に叩きつける行動（反応）、審判に文句を言う行動（反応）など、失敗に対する自分の行動（反応）の変化を見ることで、アスリートの成長を確認する。

つまり、アスリートが失敗する環境を創出し、そして時々成功する環境の創出も行う（アスリートができることをわざと意図的に与える）。それをトレーニングの内外で繰り返し行う。たとえば、トレーニングの外でいうと、バスのドライバーに頼んで、練習場に着く１㎞手前でバスをわざと止めてもらう。アスリートは「あー、バスが止まった。壊れたー」と騒ぐ。練習で道具をわざと隠す。「あー、道具がない」とアスリートはまた騒ぐ。このような状況を創って、アスリートがどう行動（反応）するか、どう問題を解決するか、どう相互に協力するかなどを観察する。この際、コーチは一度たりともアスリートがどうするべきかは言わない。そしてコーチは「何が起こったのか、どう行動（反応）したのか」をアスリートに確認し、「この行動（反応）はパフォーマンスをする上で助けになったか」と聞く。もしアスリートの答えが「ノー（パフォーマンスの助けにならない）」ならば、「それでは、パフォーマンスの助けになるような行動（反応）をするために次の時には何ができるか?」と聞くのである。

さらにオランダのコーチは、パフォーマンスビヘービアの有効性について次のような話をしてくれた。試合の流れの変え方、チャレンジの受け入れ方など、アスリートにプレーの中でプレッシャーを克服する方法を教えることができなければならない。自分は、アスリートをより良い人間に育てるように心がけている。そして、パフォーマンスビヘービアもより良い人間を育てるためのものである。人生の中で起こるさまざまな事柄と向き合うこと。そして何より、アスリートの生活の多くはフィールドの外で起こっている、と。

オランダのトップコーチが日本のアスリートを相手にレッスンをした時の事例も紹介しよう。オランダのコーチは「ミスをすることはよくないことか」と日本のチームに質問をした。ミスをすることはよくないことだとコーチもアスリートもみんなが答えた。そこで、オランダのコーチはミスをしたら拍手をして、それを経てできなかったことができるようになったらさらに拍手をした。これにより、アスリートはミスや失敗を恐れずにそこから学ぶということを身につけ、成長するには失敗が必要だということを理解することができた。

こういった事例から垣間見えるのは、パフォーマンスビヘービアを学ぶ上では、今までの考え方にこだわらずすべてを受け入れるために、まずオープンになることが重要ということである。

選手の人生全体を見るコーチング

ウィルマン博士が推進しているオランダでの改革において、根幹をなす考え方がパフォーマンスビヘービアであることは前述の通りである。その中でアスリートだけでなくコーチへのサポートにおける基盤となっているのが、アスリートのライフスパンモデルである（図７－４）。オランダのハイパフォーマンスチームでは、アスリートのパフォーマンスビヘービアについて協議をする際に、図７－４のように６つの階層に分けて考えてきた。

また、アスリートの競技力を考えるために、「Long Term Athlete Development（ＬＴＡＤ）」という有名なモデルがある。年齢に応じてトレーニングと試合の比率を期分けするやり方である。２００５年頃に発表され、アスリート育成モデルとして非常に多く用いられてきた、今でも考え方のベースになっている理論である。ウィルマン博士はＬＴＡＤをベースに独自の理論を構築している。それによるとライフスパンモデルのアスリートの競技力は、以下の４段階に大別できる。

①　競技に出会う
②　才能を伸ばす

図7-4　ライフスパンモデル
Wylleman, Rosier, & De Knop, 2016より改変

③　エリートレベルで競う
④　引退する

実は④が特に重要である。アスリートとしての引退は、ある意味では社会人としての人材育成だと考えられる。社会のシステムの一部として見れば、そのアスリートが社会で貢献できるまでに成長するための、いわば将来に対する投資であるといえよう。引退は時にネガティブに捉えられがちであるが、オリンピックを終えてアスリートとしてのキャリアが終了するという考え方ではなく、将来への投資として2～3年後までを視野に入れるという考えが必要であることをウィルマン博士は示唆している。

精神的な発達にも段階が存在する。思春期は、大人や保護者のいうことを聞かない反抗期にあり、同世代の仲間とのコミュニティ内での活動を通して自己のアイデンティティを形成する。そのため、非常に挑戦的な時期である。この思春期には、4人に1人のアスリートがスポーツから離脱（ドロップアウト）するということが、研究によって明らかになっている。そして、その思春期に離脱しないアスリートは、自分自身のモチベーションが非常に高いか、あるいは、思春期のアスリートに適したコーチングが可能な、質の高いコーチに恵まれているかのどちらかであることも明らかになっている。つまり、最大の課題は、女子であれば11～15歳、男子であれば13～17歳ぐらいまでのアスリートに対して、適切に教えられるコーチをどのように確保するのかということである。

社会性の発達の軸は、アスリートの周囲にいる人たち（家族、友人、コーチ等）の構成が成長段階に応じて変化することを意味する。たとえばコーチは、ジュニアアスリートを対象にしていれば保護者との関わりが大きいのに対して、シニアになるとアスリートのパートナー（恋人や配偶者）の影響や学生としての立ち位置を考慮しなければならなくなる。コーチ育成の範囲で考えると、アスリートの競技レベルや精神性の発達状況だけでなく、アスリートの周囲にいる人間構成も視野に入れて、どのように対応しなければならないかを「知る」ことが必要となる。

ヨーロッパにおいては高校卒業後、アスリートの多くが高等教育機関に進み、その後プロフェッショナルアスリートとしてのキャリアを歩むことになる。しかし、一部のアスリートは高校卒業後、すぐにプロフェッショナルあるいはセミプロとしてのキャリアを歩む場合もある。このようなアスリートは、18歳からスポーツを主体とした生活になるため、将来的にキャリアを変える時（引退後）に難しい局面に至る傾向がある。そのため、多くのアスリートは学業を同時に進めることが推奨される。その際、たとえばフルで単位を取得しなくても済むような工夫ができる制度が整備されれば、たとえアスリートとして成功しなくても、その後の人生のキャリアにとって、良い準備ができるであろう。

前述の4段階では、経済力（財政基盤）が大きく変化することになる。ウィルマン博士のモデルの通り、アスリートがスポーツに出会い育つまでは家族の役割が非常に重要である。また、エリートレベルに達しないと、競技団体、オリンピック委員会、スポンサー等の助成は受けられない。そしてエリートレベルに達して助成金が受けられたとしても、ほとんどのアスリートは引退期にさしかかった段階でスポンサーや助成金を得られない状態に戻る。そのため、また経済的に困難な状況に陥り、再び家族の存在が重要となる。その後、もし新たな仕事が見つかったら雇用主が資金源となる。つまり、家族は「オリンピックを含むスポーツの重要で公式なスポンサー」である。家族の支えなしに、スポーツに出会い、力を伸ばし、アスリートとしてのキャリアの継続は成し得ない。

そうした家族のサポートを得ながら、チームとしてのサポート体制には、アスリートの競技レベルだけを考えるのではなく、精神面、社会心理面、学業・職業面、財政面、法律面を含め、全体的かつ複合的に捉え、サポート方法を検討していくことが求められている。そのため、コーチはアスリートのパフォーマンスだけでなく、パフォーマンスの向上に影響するこれら複数の要因を多角的に理解することが重要となる。

このようにウィルマン博士は、アスリートのライフスパンモデルを活用して、オランダのアスリートのサポート基盤を確立してきた。そして、最も重要なことは、アスリートの成長にはパフォーマンスの部分だけが影響を与えているわけではないことである。そのことをコーチや保護者、そしてその他の関係者が理解しなければいけない。さらに、パフォーマンス向上に繋がるアスリートの行動は、気づきを与え自発的な行動変容を促すコーチングに影響されることもわかっている。オランダにおいてパフォーマンスビヘービアの効果が出たのは、コーチがこのことをよく理解したうえで実践できたからであろう。

ジュニアからシニアへの移行が鍵

図7－4のアスリートのライフスパンモデルでわかる通り、各育成段階におけるアスリートの競技レベルだけでなく、精神性の発達状況、周囲を取り巻く人の変動（社会性の発達）、学業・就業状況の変化、財政的状況（財政基盤）など、さまざまな軸でアスリートを理解しなくてはならない。その時々に応じた適切なコーチングにより、アスリートのプログレス（進化、発展、成長）に繋がる行動変容を起こすことができるコーチの確保が重要であることが明らかになった。ただ、すべての育成段階にとってベストなコーチは存在しないのである。理想的には、心理的にも社会環境的にも特性の異なるアスリートのステージごとにベストなコーチを配置するべきである。しかし、多くの競技団体は資源に限りがあるため、段階別にコーチを確保することは難しい。たとえば、小規模の競技団体は、ナショナルコーチ1名、アシスタントコーチ1名で16歳、22歳、30歳と幅広いアスリートを対象にコーチングを提供しなければならず、この状況が一般的

なのである。

そこで、チームＮＬが着目し、育成しようと試みているのは、アスリートの移行期を支えるコーチの育成である。調査研究に基づくと、アスリートが離脱する時期は、思春期のほかに、ジュニアからシニアへの移行期にもあることが明らかになっている。思春期を終え、大人になってくると、他への興味・関心が高くなり、また人間関係も多様になる。そのため、もしジュニアからシニアへの移行期にあるアスリートに対して適切なコーチングができなければ、アスリートが他の分野に移行してしまう、あるいはパフォーマンスレベルが下がったり伸び悩んだりする傾向にある。調査研究によると、ジュニアからシニアのチームに移行する1年目のアスリートは２～３シーズンのあいだパフォーマンスが下がる傾向が明らかになっている。その中で、特に能力の高いアスリートだけがパフォーマンスを上昇気流に戻すことができるが、それ以外のアスリートはその移行期に競技を去ってしまうことになる。シニアのナショナルチームのコーチは非常に幅広い競技レベルや年代のグループを相手にしなければならない状況下にあり、シニアに入る１～２年目のアスリートに対して多くの時間を割けないのが現状である。

そのため、チームＮＬは、アスリートがジュニアからシニアへ移行する17～21歳の時期にその特性を理解し、適切なコーチングが可能なコーチを育成・確保することにしたのである。これによりアスリートのジュニアからシニアへの移行がスムーズに運び、有能なアスリートを失う確率が減っていることをウィルマン博士が報告している。

7-3 究極のコーチングとはなにか

映像技術とコーチング

一昔前は、経験だけで教えるコーチは多かった。今でもそういうコーチは少なくない。なぜ、コーチングは難しいのか。それは、自分ができるということと、人に教えるということは別であるということを理解しにくいのが要因の一つと考えられる。つまり、教えるためには相手がわかるように説明することが必要となる。説明のためには経験で理解している「暗黙知（経験知）」を「言語化」し、論理的に話を組み立てる「形式知（説明できる知識）」にすることが求められる。そういった教えるために必要な手腕を身につけているコーチは少ないのが現状である。そのため、レベルの高い実績を持っているがそのような技術は欠けているコーチが、まだレベルが高くないアスリートをコーチングすると、コーチとアスリートとの間に理解のギャップが生じがちである。

ところが、これまでは解消が難しかったそのギャップも、サイエンステクノロジーの進歩により埋めることができるようになってきている。たとえば、言葉では難しいスポーツ技術の説明も、映像を活用し可視化することで理解させることができる。テニスにおけるサーブ、レシーブの技術指導において、「サーブの打点は左肩の斜め上で……」と言われても、打点の位置はどのくらいなのか、正確にはわかりにくい。そこで、うまく打てた時や打てなかった時の映像を基に違いを説明すると、すんなりと理解できることがある。

ゴルフにおけるスイング技術の修正においては、「身体が開いているので……」と言われても、まず開いているというのがどういうことなのか理解しにくい。これも映像だと一目瞭然であり、細かく理解することができる。その他、野球の投球、打撃、守備、走塁の技術向上、バスケットボールのフリースロー、スキーやスケート等、映像活用の事例は挙げればきりがないほどある。さらに今では、映像の活用はスロー再生やコマ送りを含めて、スマートフォンがあれば十分にできるようになっている。これは、トップアスリートのみならず、市民アスリートにも大いに役立つ方法である。

このように映像技術や分析技術が進化し、身近な機器でそれを確認できるようになると、コーチが今までしていた苦労がだいぶ軽減されることにもなる。アスリートのストレスも減少する。ただ、ここでアスリートが強くなるために必要となってくるのが、自ら積極的にスマートフォンを活用して技術向上に向かう姿勢や、撮った映像を繰り返し観る行動をどうすれば身につけられれるのか、というアスリートの行動を変えるパフォーマンスビヘービアなのである。

つまり、パフォーマンスビヘービアさえ身につけることができれば、究極的には「コーチのいらない」アスリート育成ができる可能性があるといえる。

実際に、コーチがいなくても世界のトップに君臨しているアスリートが、若年層で出現し始めている。東京大会における金メダル候補の一つであるスケートボードでは、世界トップ10に4名の10代女子日本人アスリートがいる。彼女たちの多くはコーチがいない。彼女たちは常に自分のパフォーマンスをスマートフォンで撮り、振り返りを行って技術向上に努めている。彼女たちに共通するのは、スケートボードが好きでたまらないという点である。彼女たちは、自然とパフォーマンスビヘービアの構成要素を身につけているのかもしれない。

コーチがいらないコーチング

私たち国立スポーツ科学センターは、オランダ、ベルギーの組織と共同研究を実施している。その中でもパフォーマンスビヘービアに着目し、その理論を日本でも取り入れられるよう、日本とオランダのトップコーチへのヒアリングなどを行いながら、実践的な研究をしている。

日本の競技団体においては、20年前からインテリジェント・アスリートの育成ということを理念に掲げ、一貫した指導のシステムを構築してきた。インテリジェント・アスリートとは、「世界で勝つための厳しいトレーニングの中でも、常に自分で考え、より質の高い行動ができる知性と品格を兼ね備えたアスリート」と定義されている。

一方、インテリジェント・アスリートを育成するためのコーチングの方法として、前項でも述べた、実践から得られる「暗黙知（経験知）」を「形式知（説明できる知識）」にするという方法は、以前から必要性が注目されているにもかかわらず、ほとんど見当たらないのが実情である。

だが、コーチングの目的は本来、アスリートが目指す目標の達成や理想のパフォーマンスを実践できるように導くことであるので、コーチングによってアスリートに行動変容をもたらすことこそが重要ということが、最近の研究でわかってきたわけである。

前述のオランダオリンピック委員会・スポーツ連合は、パフォーマンスビヘービアを導入し成果を出し始めている。このオランダの取り組みを、日本のインテリジェント・アスリートの考え方に導入することができれば、新たなスポーツコーチングのアプローチに繋がる可能性がある。さらに、新しいコーチングが確立されスポーツ界に広がっていけば、コーチのいらないアスリートの育成へと繋がる可能性もある。もっとも、パフォーマンスビヘービアを身につけるよう導くコーチは必要であるが。

また、この取り組みは、スポーツ界から教育界へと展開していくことも考えられる。つまり、学校教育においてパフォーマンスビヘービアの概念を導入することで、自ら学び成長していける生徒や学生（インテリジェント・スチューデント）の育成に繋がるかもしれない。さらには、一般企業など社会の人材育成にも活用できるかもしれない。

たとえば、アスリートでなくても、パフォーマンスビヘービアを身につけることができれば、ジムでもパーソナルトレーナーの指導なしで、筋力をつけたり体力をつけたり、目的に合った体づくりができるかもしれない。身体は疲労の蓄積によって、本来できていた動きが損なわれたり、機能が衰えたりする。しかし、多くの人々は日々の忙しさのため、セルフケアをすることはほとんどない。それどころか、スマートフォンやパソコンのブルーライトを一日中浴び、仕事が終わってから暴飲暴食に走ったり夜更かししたりの生活で、朝は寝不足で出勤……などという日々の人が多いのが現状であろう。もしも、一般市民の方がパフォーマンスビヘービアを身につければ、セルフケアを実施するために速やかに帰宅し、適度な食事と入浴、ストレッチを行い、快い眠りにつくことで疲労を蓄積することなく日々の生活を送れるはずである。

このように究極のコーチングが実現できれば、社会をより良い方向に大きく変えることができると考えられる。パフォーマンスビヘービアという考え方にはその可能性があるといえよう。

巻末付録

国立スポーツ科学センターはどのようにアスリートと関わっているか

運動・栄養・休養を科学的に組み込んで強いアスリートを育てる

現在、オリンピック、パラリンピックを目指すアスリート達の多くは、東京都北区にあるハイパフォーマンススポーツセンター（Japan High Performance Sport Center：ＨＰＳＣ）を強化拠点として活用しており、その目的は大きく二つある。一つ目は、本書でも紹介した、普遍の科学的セオリー（運動・栄養・休養）に基づいた強化合宿の施設としての利用である。二つ目は、国際競技力向上に向けて、スポーツ科学・医学・情報面に特化した支援を受けることである。クリニックでの診療やリハビリテーション等も含まれる。

その機能を担う研究・支援機関として、２００１年にまず設立されたのが国立スポーツ科学センター（Japan Institute of Sports Sciences：ＪＩＳＳ）である。ＪＩＳＳには、トレーニングセンター、宿泊室、レストランも併設され、それまで都内の大学などをトレーニング場とし、近隣の宿泊施設を確保して強化合宿を行っていた日本代表チームが、一つの場所ですべてがまかなえるワンストップサービスを受けられるようになったのである。

ＪＩＳＳ設立以前の強化合宿は効率的でないことも多く、トレーニング施設の利用可能な時間により運動と食事の間があいてアスリート達は間食を余儀なくされたり、昼食や夕食時に摂取しなければならない栄養を摂ることができなかったりということがあった。しかしＪＩＳＳができると、合宿の一日の流れとして、たとえば朝食、トレーニング、シャワー、昼食、午睡、トレーニング、シャワー、夕食、就寝といった理想的なリズムのメニューを作りやすく、タイミングよく身体作りやケアを行えるようになったのである。

その後、同じ敷地内に２００８年、２０１９年と二つのトレーニングセンターが完成。その間の２０１６年に、トレーニングセンターとＪＩＳＳの機能、およびアスリートヴィレッジ（宿泊棟）を有する、ハイパフォーマンススポーツにおける国際競技力強化の拠点として、ＨＰＳＣという組織が構築されたのである。

手本となったオーストラリア

オーストラリア国立スポーツ研究所（Australian Institute of Sport：ＡＩＳ）は、１９７６年のモントリオールオリンピックの惨敗を機に、アスリートを一極に集めてトレーニングさせるために設立され、特に自国開催であった２０００年のシドニーオリンピックにおいてアスリート達をスポーツ科学・医学面から支えた。日本がＪＩＳＳ設立時にモデルとした機関である。

ＡＩＳは、各種のトレーニング場、宿舎、レストラン、スポーツ科学・医学のサポートと研究を組み合わせた画期的な施設として、世界中の注目を浴びた。なかでもリカバリーセンターは世界に先がけて設置されたものであった。第3章で紹介したさまざまなリカバリー法について、アスリートの状態に合わせてプロトコールを作り個別にアドバイスをしていたのである。科学的な手法は一律に万能というわけではなく、やはり一人一人に合わせて細かく提供することで、より科学的サポートの効果を高めることになる。日本でも今後そういった多角的な取り組みがますます必要になるであろう。

オリンピック、パラリンピックの豆知識

アスリートの育成やサポートの仕事に関わっていると、競技についてさまざまな質問を受けることがある。その一つ一つに詳しくお答えするのは、紙幅の都合上別の機会にせざるを得ないが、オリンピック、パラリンピックについてよく聞かれる質問に少しだけ答えてみようと思う。

大会ごとの競技はどのように決められるのか

大会ごとにオリンピックの競技が違うことについては、よく質問される。最近のオリンピック

では基盤の競技として28が決められているが、開催都市の組織委員会が当該大会での追加競技を提案できる制度がある。東京2020では、野球・ソフトボール、空手、スケートボード、スポーツクライミング、サーフィンの五つが追加競技として実施される。2024年のパリオリンピックでは、このなかの3競技、スケートボード、スポーツクライミング、サーフィンに加えてブレークダンスの四つが追加競技として提案されている。最近では、若者に人気の競技を追加競技として加える傾向がある。

また、新しい競技の導入には、ユースオリンピックがテストイベントの役割を果たすようにもなっている。ユースオリンピックは2010年に開始された、15~18歳の若者が参加するIOC主催の競技大会である。夏季と冬季に分けて、それぞれ4年に一度開催されている。

パラリンピック競技の特徴

パラリンピックでは公平な競い合いが実施できるように考慮し、障がいの種類、部位、程度によってクラス分けを行っている。クラス分けは専門のスタッフによって行われ、各競技によって細分化されている。詳しくは各競技団体のウェブサイト等を参考にするとよいであろう。ここでは3競技について紹介したい。

陸上競技では、視覚障がい、肢体不自由、知的障がいに大別されている。また、肢体不自由では、原因が脳原性まひ、手足の切断等に区分されている。さらに障がいの軽重によって種目に及ぼす影響により階級化している。そのため男子100メートルだけでも、障がいの種類、程度によって細かく階級化され、東京大会では16種目が行われる。

人気競技の一つである車いすバスケットボールでは、障がいの軽重によって選手を四つのクラスに分け、持ち点を決めている。試合中、コート上の5人の合計点が14点を超えてはいけないルールとなっており、障がいの軽重の選手をバランスよく組み合わせてチームが組まれる。

クラス分けとしては、障がいの軽い方からクラス4(4・5〜4・0点)、クラス3(3・5〜3・0点)、クラス2(2・5〜2・0点)、クラス1(1・5〜1・0点)となっている。クラス4の対象となる選手は軽度の脊髄損傷や片膝切断等がある選手で、体幹バランスがあり少なくとも片側の側面へ安定して動くことができる。積極的にボールにからみ、攻守にわたってチームの中心的な存在となる。クラス3の選手は、脊髄損傷や両大腿切断等があり、側面への動きがコントロールできない。クラス2の選手は、腹筋や背筋の力はある程度残っているが、クラス1の選手は、重度の脊髄損傷等があり腹筋や背筋が機能せず、体幹の動きがほとんどないかコントロールできない状態である。

冬季競技も同様にクラス分けが行われている。日本が強いアルペンスキーでは、立位、座位、視覚障がいの三つのカテゴリーごとにクラス分けされて競技が行われる。勝敗は、実測タイムに、障がいの程度に応じて設定されている係数を掛けた、計算タイムで決まる。

次に、オリンピックとパラリンピックの違いを、2競技について紹介したい。

パラリンピック柔道では視覚障がいのある選手同士のため、組んでから試合が始まる。オリンピック柔道が得意な形に組むまでの「組み手争い」が勝敗を分けるのに対して、組んで始まるために4分間の試合の中で投げ技のかかる確率が高くなり、柔道本来の一本の攻防がより鮮明となる。さらに、組んだ後の崩し合いも勝敗を分ける大きな焦点となる。

パラリンピック水泳においては、下肢に障がいのある選手は水中からのスタートも認められている。背泳ぎでは、障がいによってスターティンググリップを握れない選手もいる。そこで、補助具を使用する、あるいはタオル等を口でくわえて身体を支える選手もいる。また視覚障がいのクラスでは、ターンやゴールの時にコーチがタッピングバーという棒で選手の頭をタッチして知らせる行為もある。

パラリンピックに健常者が出場するには？

健常者はパラリンピックに出場できるのか、ときかれることがある。基本的には健常者はパラリンピックに出場することはできない。しかし、実はチャンスがまったくないわけではないのである。

ボッチャという競技では、他の競技同様に障がいの程度によってクラス分けがされており、最も重いクラスのＢＣ３（脳原性疾患、非脳原性疾患）では、選手が自分でボールを投げることができない。そこで、選手はランプ（勾配具）という滑り台のような道具を使ってボールを投げる。この時に選手の指示に従いボールをランプにセットするアシスタントを選手1名につき1人おくことができる（アスリートとして位置付けられる）。さらに、メダル獲得時にはアシスタントにもメダルが授与される。つまり、健常者でもパラリンピックに参加できるのである。

冬のあのスポーツ、なぜもぐもぐタイム？

冬のオリンピックでは、人気競技の一つにカーリングがある。対戦型の競技で、一人2回ずつ相手チームと交互にストーンを投げ、対戦する二つのチームが合わせて16回投げると1エンドが終わる。試合はふつう10エンドで構成されるので、合計１６０回もストーンが投げられることになる。そのため一試合に約2時間30分もかかる、ハードなスポーツなのである。２０１８年平昌オリンピックで、日本女子チームの活躍で話題となったもぐもぐタイムも、これだけ長時間の試合を戦うためには重要な栄養補給であるといえるであろう。

おわりに

これを書いている2020年、世界は新型コロナウイルスによる「パンデミック」にみまわれている。イベントや集まりはことごとく中止になり、スポーツの世界も例外ではない。全国高等学校野球選手権大会も中止、プロ野球や大相撲は延期、中止、無観客試合など、大幅な縮小となった。約半世紀振りに東京で開催されるオリンピック・パラリンピックも延期が決定し、その予選となる試合も世界各地で中止となった。長年にわたってスポーツ競技に関わってきたが、このような事態ははじめてであり、国立スポーツ科学センター内でもさまざまな対応に迫られている。

本書では世界一を目指すアスリートに着目し、その秘密の一端である科学とテクノロジーを使った取り組みについて紹介してきた。少しでもスポーツ観戦を楽しんでいただきたいという思いであったが、本書が刊行される頃にはそれが可能になっていることを願うばかりである。

また、アスリートが活用している科学的な取り組みは、一般の読者の体作りやスポーツ上達にも十分に利用することができる。そのことを少しでも理解していただければ、著述をした甲斐もある。

国立スポーツ科学センター　センター長　久木留 毅

https://www.mhlw.go.jp/stf/houdou/2r9852000002xple.html
13.「BMI」厚生労働省e-ヘルスネット
https://www.e-healthnet.mhlw.go.jp/information/dictionary/metabolic/ym-002.html
14.「Nutrition for Athletes」IOC（2016）
https://cdn2.sportngin.com/attachments/document/0130/9582/1378_IOC_NutritionAthleteHandbook_1e.pdf
15.「熱中症対策ガイドライン」日本サッカー協会（2016）
https://www.jfa.jp/documents/pdf/other/heatstroke_guideline.pdf
16.「スポーツ活動中の熱中症予防ガイドブック」日本スポーツ協会（2019）
https://www.japan-sports.or.jp/Portals/0/data/supoken/doc/heatstroke_0531.pdf
17.「2020年版ワールドラグビー競技規則」ワールドラグビー（2020）
https://laws.worldrugby.org/?charter=all
18.「夏季のイベントにおける熱中症対策ガイドライン 2019」環境省（2019）
https://www.wbgt.env.go.jp/pdf/gline/heatillness_guideline_full_high.pdf
19.「職場における熱中症予防」厚生労働省
https://www.mhlw.go.jp/stf/seisakunitsuite/bunya/0000164083.html
20.「FLUIDS: FACTS & FADS」Burke LM「Aspetar Sports Medicine Journal」1（2）, pp.88-93（2012）
https://www.aspetar.com/journal/viewarticle.aspx?id=22#.XobYhYj7RPY
21.「第95回東京箱根間往復大学駅伝競走給水要領」関東学生陸上競技連盟（2018）
https://www.kgrr.org/event/2018/kgrr/95hakone-ekiden/95kyusui-yoko.pdf
22.「トラッキングデータ走行距離ランキング」Jリーグ（2016）
https://www.jleague.jp/stats/2016/distance.html
23.「2018 FIFA World Cup Russia™」FIFA（2018）
https://www.fifa.com/worldcup/archive/russia2018/
24.「日常生活における熱中症予防指針 Ver.3 確定版」日本生気象学会（2016）
http://seikishou.jp/pdf/news/shishin.pdf
25.「Just Cool It」Ciabattoni E「STANFORD MAGAZINE」（2005）
https://stanfordmag.org/contents/just-cool-it
26.「The Nobel Prize in Physiology or Medicine 2019」THE NOBEL PRIZE
https://www.nobelprize.org/prizes/medicine/2019/summary/
27.「オランダオリンピック委員会・スポーツ連合ホームページ」NOC*NSF
https://nocnsf.nl/

政法人日本スポーツ振興センター（スポーツ庁、2016）
「競泳競技における高地トレーニング効果」荻田太「体力科学」63（1），pp.21（2014）
「高地トレーニング拠点の競技横断的な利用促進に向けた調査研究報告書」日本体育大学（2018）
「高地順化のための安静時低酸素吸入がその後のトレーニングに及ぼす影響」杉田正明 他「科学・技術研究」2（1），pp.31-34（2013）
「Effects of Altitude/Hypoxia on Single- and Multiple-Sprint Performance: A Comprehensive Review」Girard O et al.「Sports Medicine」47（10），pp. 1931-1949（2017）
「Application of Altitude/Hypoxic Training by Elite Athletes」Wilber RL「Medicine & Science in Sports & Exercise」39（9），pp.1610-1624（2007）
「低酸素室を利用したトレーニング—競技力向上—」山本正嘉「体育の科学」62（9），pp.711-717（2012）
『登山の運動生理学とトレーニング学』山本正嘉（東京新聞、2016）

第７章　コーチングの科学

『LONG-TERM ATHLETE DEVELOPMENT』Balyi I et al.（Human Kinetics, 2013）
『１兆ドルコーチ』エリック・シュミット 他（ダイヤモンド社、2019）
『コーチング・リーダーシップ』伊藤守 他（ダイヤモンド社、2010）
『［入門］ビジネスコーチング』本間正人（PHP研究所、2001）
「ビジネスにおけるコーチングの役割 —類似手法との比較によるコーチングの明確化—」出野和子「経営戦略研究」10, pp.31-42（2016）
「日本におけるコーチングとエクゼクティブ・コーチングの現状」古畑仁一「CRL REPORT」1, pp.59-82（2003）
『Sport and Exercise Psychology Research: From Theory to Practice』Raab M et al., eds.（Elsevier 2016）
「スマートフォンを活用した身体活動増強プログラムの試験的試み」上地広昭他「山口大学教育学部附属教育実践総合センター研究紀要」39, pp.103-108（2015）

web参考文献（2020年４月８日現在）

1.「オリンピック競泳水着をテクノロジーする」日経クロステック（2016.03.24）
https://xtech.nikkei.com/dm/atcl/column/15/122500025/030500007/
2.「3Dレーザーセンサーシステムで体操競技の採点を支援！ 富士通」PC-Webzine（2019.03.07）
https://www.pc-webzine.com/entry/2019/03/3d-3.html
3.「サッカー独代表の戦術、名は広がらずとも影響大きく」日本経済新聞（2015.07.30）
https://www.nikkei.com/article/DGXMZO89884090Z20C15A7000000/
4.「ドイツのポゼッション平均65％以上でも勝率33％ 敗退の原因はポゼッションサッカー？」SPAIA（2018.07.12）
https://spaia.jp/column/soccer/japan/6485
5.「ロシアW杯はリアルタイム情報戦　試合中に分析采配」日本経済新聞（2018.06.12）
https://www.nikkei.com/article/DGXMZO31158620Q8A530C1000001/
6.「パラリンピックとは」日本パラリンピック委員会
https://www.jsad.or.jp/paralympic/what/index.html
7.「夏季22競技競技紹介」日本パラリンピック委員会
https://www.jsad.or.jp/paralympic/sports/index_summer.html
8.Hawk-Eye Innovations
https://www.hawkeyeinnovations.com/index.html
9.「The Impact of the Hawk-Eye System in Tennis」
https://trainingwithjames.wordpress.com/research-papers/the-impact-of-the-hawk-eye-system-in-tennis/
10.TRACKMAN
http://trackman.com
11.「WHO ARE THE FASTEST PLAYERS AT THE RUGBY WORLD CUP 2019?」STATSports（2019.09.26）
https://statsports.com/who-are-the-fastest-players-at-rugby-world-cup-2019/
12.『「健康づくりのための身体活動基準2013」及び「健康づくりのための身体活動指針（アクティブガイド）」について』厚生労働省（2013）

「Fluid Balance in Team Sport Athletes and the Effect of Hypohydration on Cognitive, Technical, and Physical Performance」Nuccio RP et al.「Sports Medicine」47 (10), pp.1951-1982 (2017)
「Hydration and Health Promotion: A Brief Introduction」Buyckx ME「Journal of the American College of Nutrition」26 (sup5), pp.533S-534S (2007)
「第８部 道路競走」日本陸上競技連盟「日本陸上競技連盟競技規則」, pp.281-285 (2019)
「International Association of Athletics Federations Consensus Statement 2019: Nutrition for Athletics」Burke LM et al.「International Journal of Sport Nutrition and Exercise Metabolism」29 (2), pp.73-84 (2019)
「Contemporary Nutrition Strategies to Optimize Performance in Distance Runners and Race Walkers」Burke LM et al.「International Journal of Sport Nutrition and Exercise Metabolism」29 (2), pp.117-129 (2019)
「Nutrition for Travel: From Jet lag To Catering」Halson SL et al.「International Journal of Sport Nutrition and Exercise Metabolism」29 (2), pp.228-235 (2019)
「The Effect of Water Loading on Acute Weight Loss Following Fluid Restriction in Combat Sports Athletes」Reale R et al.「International Journal of Sport Nutrition and Exercise Metabolism」28 (6), pp.565-573 (2018)
「Exercise and Fluid Replacement」Sawka MN et al.「Medicine & Science in Sports & Exercise」39 (2), pp.377-390 (2007)
「スポーツ活動および日常生活を含めた新しい熱中症予防対策の提案 —年齢, 着衣及び暑熱順化を考慮した予防指針—」中井誠一 他「体力科学」56 (4), pp.437-444 (2007)
「Sports Dietitians Australia Position Statement: Nutrition for Exercise in Hot Environments」McCubbin AJ et al.「International Journal of Sport Nutrition and Exercise Metabolism」30 (1), pp.83-98 (2020)
「暑熱環境における競技パフォーマンスの最適化 Maximizing Athletic Performance in the Heat」Pryor RR et al.「ストレングス&コンディショニングジャーナル」24 (5), pp.19-28 (2017)
「寒冷地における運動と健康」沖田孝一 他「北翔大学北方圏生涯スポーツ研究センター年報」4, pp.1-5 (2013)
「Recovery and Performance in Sport: Consensus Statement」Kellmann M et al.「International Journal of Sports Physiology and Performance」13 (2), pp.240-245 (2018)
「An Evidence-Based Approach for Choosing Post-exercise Recovery Techniques to Reduce Markers of Muscle Damage, Soreness, Fatigue, and Inflammation: A Systematic Review With Meta-Analysis」Dupuy O et al.「Frontiers in Physiology」9 (403), pp.1-15 (2018)
「Cooling via one hand improves physical performance in heat-sensitive individuals with Multiple Sclerosis: A preliminary study」Grahn DA et al.「BMC Neurology」8:14 (2008)
「Work Volume and Strength Training Responses to Resistive Exercise Improve with Periodic Heat Extraction from the Palm」Grahn DA et al.「Journal of Strength and Conditioning Research」26 (9), pp.2558-2569 (2012)
「Enhancing Thermal Exchange in Humans and Practical Applications」Heller HC et al.「Disruptive Science and Technology」1 (1), pp.11-19 (2012)
「Prevention of Cold Injuries during Exercise」Castellani JW et al.「Medicine & Science in Sports & Exercise」38 (11), pp.2012-2029 (2006)
「Human cold exposure, adaptation, and performance in high latitude environments」Mäkinen TM「American Journal of Human Biology」19 (2), pp.155-164 (2007)
「詳報　ノーベル生理学・医学賞：低酸素環境に応答するメカニズムの解明」出村政彬「日経サイエンス」49 (12), pp.14-15 (2019)
「高地トレーニング合宿におけるトレーニング効果と圧受容器反射機能の関係」柳田亮 他「日本衛生学雑誌」67 (3), pp.417-422 (2012)
「高強度トレーニングを柱とした競泳競技トレーニングシステム」仙石泰雄 他「コーチング学研究」30増刊号, pp.61-65 (2017)
「JISSにおける高地 低酸素トレーニング研究及び現場支援」鈴木康弘「体力科学」65 (1), pp.138 (2016)
『高地トレーニングの実践ガイドライン —競技種目別・スポーツ医科学的エビデンス—』青木純一郎 他編著（市村出版、2011)
「トップアスリートの強化・研究活動拠点の在り方に関する調査研究報告書（改訂版)」独立行

pp.59-72（2015）
「Diet promotes sleep duration and quality」Peuhkuri K et al.「Nutrition Research」32（5）, pp.309-319（2012）
「Whole-and partial-body cryostimulation/cryotherapy: Current technologies andpractical applications」Bouzigon R et al.「Journal of Thermal Biology」61, pp.67-81（2016）
「Water Immersion Recovery for Athletes: Effect on Exercise Performance and Practical Recommendations」Versey NG et al.「Sports Medicine」43（11）, pp.1101-1130（2013）
「IOC Consensus Statement: Dietary Supplements and the High-Performance Athlete」Maughan RJ et al.「International Journal of Sport Nutrition and Exercise Metabolism」28（2）, pp.104-125（2018）
「IOC consensus statement on sports nutrition 2010」「Journal of Sports Sciences」29（supl）, pp.S3-S4（2011）
「Nutrition and Athletic Performance」Thomas DT et al.「Medicine & Science in Sports & Exercise」48（3）, pp.543-568（2016）
「Vitamin D, Skeletal Muscle Function and Athletic Performance in Athletes – A Narrative Review」Książek A et al.「Nutrients」11（8）, pii:E1800（2019）

第４章　ウエイトコントロールの科学

「レスリングにおける体重コントロールの実際」久木留毅「臨床スポーツ医学」23（4）, pp.383-388（2006）
「全日本レスリング選手権大会出場選手における減量の実態」久木留毅 他「日本臨床スポーツ医学会誌」14（3）, pp.325-332（2006）
「急速減量と急速水分・栄養補給の実態」久木留毅「体育の科学」57（3）, pp.178-182（2007）
「急速減量によるアスリートのエネルギー代謝変動」久木留毅 他「体力科学」56（4）, pp.429-436（2007）
「レスリング競技におけるコンディション評価」久木留毅「臨床スポーツ医学」28（8）, pp.873-877（2011）
「レスリング・ロンドンオリンピック出場選手における試合に向けた減量の実態と炭酸飲料の嗜好」久木留毅「日本臨床スポーツ医学会誌」23（1）, pp.111-119（2015）
『日本人の食事摂取基準 厚生労働省「日本人の食事摂取基準（2015年版）」策定検討会報告書』菱田明他 監修（第一出版、2014）
『水分補給―代謝と調節―』栄養学レビュー編集委員会 編（建帛社、2006年）
「Health and weight control management among wrestlers. A proposed program for high school athletes」Perriello VA Jr et al.「Virginia medical quarlerly」122（3）, pp.179-183, 185（1995）
『DOCUMENT SOR Sport and Organisation Rules』INTERNATIONAL JUDO FEDERAION（2019）
『COMPETITION RULES & INTERPRETATION』World Taekwondo Federation（2019）
『KARATE COMETITION RULES』World Karate Federation（2019）
「A dose-response relation between aerobic exercise and visceral fat reduction: systematic review of clinical trials」Ohkawara K et al.「International Journal of Obesity」31（12）, pp.1786-1797（2007）
「Hyperthermia and Dehydration-Related Deaths Associated With Intentional Rapid Weight Loss in Three Collegiate Wrestlers」Centers for Disease Control and Prevention「JAMA」279（11）, pp.824-825（1998）

第５章　アスリートと水分補給

第６章　環境とパフォーマンスの科学

「夏季の野球練習時の環境温度，発汗量，飲水量，脱水率，体温上昇度および心拍反応からみた生体負担度について」梶原洋子他「文教大学教育学部紀要」36, pp.73-82（2002）
「アスリートの電解質のモニタリングとその活用方法」関口泰樹「Training Journal」40（9）, pp.40-43（2018）
「2020年に向けたマラソンにおける暑熱対策の取り組み」杉田正明 他「陸上競技研究紀要」13, pp.200-204（2017）
「適切な水分摂取の必要性」伊藤静夫「臨床スポーツ医学 臨時増刊号　予防としてのスポーツ医学」25, pp.24-30（2008）

(2014)
「The Evolution of Physical and Technical Performance Parameters in the English Premier League」Barnes C et al.「International Journal of Sports Medicine」35 (13), pp.1095-1100 (2014)
「Quantifying the Value of Transitions in Soccer via Spatiotemporal Trajectory Clustering」Hobbs J et al.「MIT SLOAN SPORTS ANALYTICS CONFERENCE」pp.1-11 (2018)
「サッカーにおける「ボール保持率」と「勝利」との関係性について」後藤泰則「新潟経営大学紀要」24, pp.67-75 (2018)

第2章　アスリートを支えるサイエンステクノロジー

「The fastest sprinter in 2068 has an artificial limb?」Hobara H et al.「Prosthetics and Orthotics International」39 (6), 519-520 (2015)
「車いすテニス競技の現状と競技特性」中澤吉裕他「日本義肢装具学会誌」32 (4), pp.237-241 (2016)
「スポーツ用義足の開発：障害者自立支援機器等開発促進事業：平成22年度総括・分担研究報告書」長縄正裕 (2011)
「パラリンピック競技のスポーツ医科学研究最前線」川端浩一「バイオメカニズム学会誌」42 (3), pp.171-176 (2018)
「義肢の進歩の歴史とこれから」田澤英二「日本義肢装具学会誌」30 (2), pp.105-112 (2014)
「車いすテニスにおけるチェアワークの即時測定システムの開発について」田邉智 他「大阪体育学研究」56, pp.89-93 (2017)
「車いすテニス競技のゲーム分析 —ゲーム形態とポイント決定技術の傾向について」安藤佳代子 他「東海学園大学研究紀要」16, pp.3-8 (2011)
「ICTを用いた運動・身体活動の測定方法と健康増進への活用」大河原一憲 他「情報処理」56 (2), pp.152-158 (2015)
「スポーツコンテンツとその可能性〜スポーツ産業の推進に必要なメディア戦略〜」久木留毅「デジタルコンテンツ白書2018」pp.10-17 (2018)
「スポーツを起点にメディア、健康など、スポーツの世界にとどまらない市場を広げていく」データスタジアム株式会社「デジタルコンテンツ白書2018」pp.18-20 (2018)
「超高速度撮像デバイスの研究・開発の動向」大竹浩「NHK技研R&D」141, pp.8-14 (2013)
『大前研一　IoT革命』大前研一 編著（プレジデント社、2016）
「人の感性に着目したスマートデバイスによるセンシング方式の研究」城ヶ﨑寛「公立はこだて未来大学大学院博士論文」(2017)

第3章　アスリートはいかに効率的に身体を作っているか

『スポーツの栄養・食事学』鈴木正成（同文書院、1986）
『実践的スポーツ栄養学』鈴木正成（文光堂、1993）
『市民からアスリートまでのスポーツ栄養学』岡村浩嗣 編著（八千代出版、2011）
『テーパリング＆ピーキング』水村（久埜）真由美 総監修（ブックハウス・エイチディ、2017）
『日本食品標準成分表2015年版』文部科学省（全国官報販売協同組合、2017）
「Recovery and Performance in Sport: Consensus Statement」Kellmann M et al.「International Journal of Sports Physiology and Performance」13 (2), pp.240-245 (2018)
「Influence of the ten sessions of the whole body cryostimulation on aerobic and anaerobic capacity」Klimek AT et al.「International Journal of Occupational Medicine and Environmental Health」23 (2), pp.181-189 (2010)
「Influence of Cold-Water Immersion on Limb and Cutaneous Blood Flow after Exercise」Mawhinney C et al.「Medicine & Science in Sports & Exercise」45 (12), pp.2277-2285 (2013)
「Cold-Water Immersion for Athletic Recovery: One Size Does Not Fit All」Stephens JM et al.「International Journal of Sports Physiology and Performance」12 (1), pp.2-9 (2017)
「The Effects of Sleep Extension on the Athletic Performance of Collegiate Basketball Players」Mah CD et al.「Sleep」34 (7), pp.943-950 (2011)
「Nutrition for Recovery in Aquatic Sports」Burke LM et al.「International Journal Sport Nutrition and Exercise Metabolism」24 (4), 425-436 (2014)
「Sleep and exercise: A reciprocal issue?」Chennaoui M「Sleep Medicine Reviews」20,

参考文献

第1章　アスリートの記録はなぜ伸びるのか。競技はなぜ進化するのか
『スポーツバイオメカニクス』深代千之他 編著（朝倉書店、2000）
『世界一流陸上競技者のパフォーマンスと技術　第11回世界陸上競技選手権大阪大会　日本陸上競技連盟バイオメカニクス研究班報告書』日本陸上競技連盟バイオメカニクス研究班 編（日本陸上競技連盟、2010）
「2017シーズンにおける男女100mのレース分析および瞬間速度と瞬間加速度」松尾彰文 他「陸上競技研究紀要」13, pp.154-164（2017）
「日本代表男子4×100mリレーのバイオメカニクスサポート～2018ジャカルタアジア大会の分析結果と過去のレースとの比較～」小林海 他「陸上競技研究紀要」14, pp.175-179（2018）
「男子100m走における記録・身長・風速別の標準通過時間および標準区間時間」宮代賢治 他「スポーツパフォーマンス研究」7, pp.356-369（2015）
「水泳におけるバイオメカニクス研究の流れ」矢内利政「バイオメカニクス研究」9（4）, pp.218-241（2005）
「水泳における流体力学的課題―より速く泳ぐためのヒント―」高木英樹「バイオメカニクス研究」9（4）, pp.242-258（2005）
「競泳のスタートおよびターン局面の動作に関するバイオメカニクス的研究」窪康之「バイオメカニクス研究」9（4）, pp.259-265（2005）
「競泳競技におけるスタート動作のバイオメカニクスデータ研究」尾関一将「バイオメカニクス研究」22（4）, pp.191-198（2018）
「ロンドン五輪選考会とリオデジャネイロ五輪選考会のレースパラメータの比較―男子短・中距離自由形種目に着目して」佐藤大典 他「スポーツパフォーマンス研究」10, pp.72-82（2018）
「競泳用水着の材質・機能の違いが水泳中の抵抗, エネルギー消費量に与える影響」荻田太 他「デサントスポーツ科学」31, pp.32-41（2010）
「新型競泳用水着が水泳運動中の抵抗指標に及ぼす影響」荻田太他「スポーツパフォーマンス研究」1, pp.238-250（2009）
「水着と競泳記録の関係」城島栄一郎他「実践女子大学 生活科学部紀要」48, pp.125-130（2011）
「スラップスケートの利点と長野オリンピックに向けた日本チームの取り組み」結城匡啓「バイオメカニズム学会誌」24（2）, pp.76-81（2000）
「スピードスケート国際競技会の中長距離レースにおける滑走軌跡と速度の分析」横澤俊治他「Sports Science in Elite Athlete Support」3, pp.27-38（2018）
「Race Factors Affecting Performance Times in Elite Long-Track Speed Skating」Noordhof DA et al.「International Journal of Sports Physiology and Performance」11, pp.535-542（2016）
「Moments of Force, Power, and Muscle Coordination in Speed-Skating」de Boer RW et al.「International Journal of Sports Medicine」8（6）, pp.371-378（1987）
「体操競技の技術トレーニングにおける運動分析の意義と方法」土屋純「スポーツ科学研究」4, pp.18-27（2007）
「Biomechanical research in artistic gymnastics: a review」Prassas S et al.「Sports Biomechanics」5（2）, pp.261-291（2006）
「Historical Trends in the Size of US Olympic Female Artistic Gymnasts」Sands WA「International Journal of Sports Physiology and Performance」7, pp.350-356（2012）
「Historical changes in height, mass and age of USA women's Olympic Gymnastics Team: AN UPDATE」Sands WA et al.「Science of Gymnastics Journal」10（3）, pp.391-399（2018）
「体操競技におけるルールと技の発展性について」加納實 他「順天堂スポーツ健康科学研究」3（1）, pp.1-8（2011）
「体操競技における身体動作のバイオメカニクス的分析」土屋純「早稲田大学大学院人間科学研究科博士（人間科学）学位論文」（2007）
「男子体操競技における跳馬の2017年から2020年版採点規則の変遷と動向―第47回世界選手権大会種目別決勝に着目して―」尾西奈美「国士舘大学体育研究所報」36, pp, 83-89（2017）
「Evolution of World Cup soccer final games 1966-2010: Game structure, speed and play patterns」Wallace JL et al.「Journal of Science and Medicine in Sport」17, pp.223-228

さくいん

【あ行】

【か行】

N.D.C.780　253p　18cm

ブルーバックス　B-2135

アスリートの科《か》学《がく》
能力を極限まで引き出す秘密

2020年 7 月20日　第 1 刷発行

著者　久《く》木《き》留《どめ》　毅《たけし》
発行者　渡瀬昌彦
発行所　株式会社講談社
〒112-8001　東京都文京区音羽2-12-21
電話　出版　03-5395-3524
販売　03-5395-4415
業務　03-5395-3615
印刷所　（本文印刷）株式会社新藤慶昌堂
（カバー表紙印刷）信毎書籍印刷株式会社
製本所　株式会社国宝社

定価はカバーに表示してあります。

ISBN978－4－06－519444－7

発刊のことば

科学をあなたのポケットに

二十世紀最大の特色は、それが科学時代であるということです。科学は日に日に進歩を続け、止まるところを知りません。ひと昔前の夢物語もどんどん現実化しており、今やわれわれの生活のすべてが、科学によってゆり動かされているといっても過言ではないでしょう。

そのような背景を考えれば、学者や学生はもちろん、産業人も、セールスマンも、ジャーナリストも、家庭の主婦も、みんなが科学を知らなければ、時代の流れに逆らうことになるでしょう。

ブルーバックス発刊の意義と必然性はそこにあります。このシリーズは、読む人に科学的に物を考える習慣と、科学的に物を見る目を養っていただくことを最大の目標にしています。そのためには、単に原理や法則の解説に終始するのではなくて、政治や経済など、社会科学や人文科学にも関連させて、広い視野から問題を追究していきます。科学はむずかしいという先入観を改める表現と構成、それも類書にないブルーバックスの特色であると信じます。

一九六三年九月

野間省一